JN409146

피어나는 상사화 앞에서

신용철 에세이

도서출판 진실한 사람들

포천시 내촌면 음현리에 함께 사셨던
신학현 (申學鉉, 1911-1951) 아버님
이수호 (李秀豪, 1909-1989) 어머님께
삼가 드립니다.

| 책 머리에 |

욕심 없이 스스로 즐기며 황혼에 마음을 평화롭게 해주는 것은 연구실 책들과 손때묻은 옛 물건들이다. 별달리 주의하지 않았던 앉은뱅이 책상이나 여러 책들, 구석구석에 있는 물건 하나하나가 삶을 이어 온 내 역사의 한 부분이니 모두 정답고 사랑스러워지는 계절이다.

봄비가 내리고 신록이 더욱 풍성해지는 아파트 정원에 피어나는 황매화와 불두화 및 함박꽃 등이 유난히 아름다운 오월, 어릴 적 고향 옛집 정원에 가득했던 이 꽃들을 아파트 정원에서 다시 보며 그날을 생각한다. 그때는 오늘처럼 아름답게 느끼지 못했었다.

치열한 삶의 전쟁터에서 쓰다 버려진 무기처럼 먼지 묻은 책들이나 그 옛날 미처 느끼지 못했던 아름답게 피어나는 꽃들을 보며 새삼 지난 삶의 소중하고 더욱 의미 깊은 추억들을 반추한다.

삶의 소중한 자취와 기록들이 그때마다 삶의 흔적이었음을 새삼 느끼게 된다. 황금에서가 아닌 돌에서도 황금을 찾는 마음으로 그날들의 글을 더듬어 본다. 역사를 배우고 생각하며 살아온 삶을 항상 글로 써왔고, 보다 글을 잘 써보려고 수필도 시작했지만, 그 모두가 마음처럼 쉬운 일은 아니었다. 그래도 글쓰기는 삶의 전쟁터를 배회하는 심정인 역사가로서 그 싸움터에서 피어난 아름다운 꽃들을 찾아보는 것처럼 소중하고 다정하다.

오래 전 글들이어서 주제나 형식 등이 통일성도 없고, 더구나 시기에 따라 생각에도 차이가 크다. 그래도 인생 황혼에 지는 태양의 긴 그림자를 보듯 고향과 그 시기의 지난날을 그리워한다. 인생이 하나의 여행이라면, 수필도 마음속의 여행이 아닐까?

종이가 없어 마분지도 함부로 쓰지 못하고 등잔불을 밝힐 석유조차도 귀했던 어린 시절이 있었다. 이젠 컴퓨터 앞에 앉아 글 쓰고 전깃불도 밝은 시대이지만 오히려 촛불이 정치의 대세가 된 시대까지 살고 있다.

남자들의 군대생활 이야기가 끝이 없듯이 나의 어린 시절 고향의 추억도 끝없이 이어지는 오월이다. 초등학교를 오월에 졸업하고 6월 입학한 중학교에서 3주일 배운 후, 아버님은 전쟁 중 내 곁을 영원히 떠나셨다. 그래도 어머님은 아무리 어려워도 눈물을 보이시지 않고 38년 더 의연하게 나를 지켜주셨다.

공부한다고 이역만리에 머물던 나는 9년이나 혼자 어머님을 기다리시도록 했다. 지난 뒤에야 깨닫는 인간의 속성 때문인지 나는 이제야 그분들의 고마움과 외로움을 알 것 같다.

살아온 날들을 반추하며 그저 모두 고마울 뿐이다. 특히 자라고 살면서 배우고 생각하던 평생 동안 잊을 수 없는 기억들을 자주 생각해 보았다. 전쟁 속에서 살아남기 위한 노력도 했고, 배운다고 천방지축 뛰어다니기도 하며, 먼 나라에서 말과 음식을 배우며 공부도 했다.

공자는 생각하며 배우고 배우며 생각하는 문제를 화두로 던졌지만, 나는 배우며 가르치고 가르치며 배우는 학교생활에서 삶을 거의 파묻었다.

읽고 쓰는 것이야 끝일 수 없듯이 어떻게 써야 할지도 언제나 끝없는 질문으로 남기면서 먼지 묻은 이야기들을 모아본다. 나의 글들은 평생의 역사이기 때문에 역사적인 냄새와 특성을 떨치기 어렵겠지만, 어차피 인문학의 시대에 역사와 문학은 그의 표리를 이루는 것이 아니겠는가!

학원 민주화의 시기, 대학의 교무처장으로서 학생들과 '등록금 투쟁' 이란 비생산적인 혼란기에 서정범 교수님의 권유로 등단하던 시기를 되돌아본다. 2000년 5호부터 연재를 시작한 《문예비전》이 벌써 126호에 이르렀다. 1997년 《하이델베르크의 추억》이란 수필집을 내면서 역사를 수필처럼 써보겠다며 2006년에 《공자의 중국을 뒤흔든 자유인, 이탁오》란 평전을 겨우 출간했다.

그 후 나는 아마도 역사와 문학 사이를 왔다 갔다 하면서 글을 썼던 것 같다. 역사와 문학을 모두 바랬지만 어느 하나도 제대로 한 것 같지는 않다. 그저 그렇게 하고 싶은 마음만이 남을 뿐이다. 앞으로 삶에서는 보다 순수하고 숨김없는 글들을 썼으면 하지만 마음뿐일 수도 있다. 그래도 사는 날까지 쓰기는 해야 할 것 같다.

우리 《문예비전》의 창간 목표가 문인들만의 문예지가 아니라 노소불문하고 각계각층의 독자가 널리 읽고 쓸 수 있는 종합문예지임을 생각하며 나도 그저 그렇게 써야 할 것도 같다.

끝으로 수필을 쓰도록 격려해 주시고 《문예비전》을 어려움 속에서 길러주신 서정범 교수님께 감사하며 20여 년 고락을 함께한 신광호 주간과 김주안 편집국장에게도 진정한 고마운 말씀을 드린다.

《문예비전》 회원 및 독자 여러분의 앞날에도 건강과 문운이 항상 함께하기를 진심으로 바란다.

2023년 5월

연구실 동서문화로에서

신 용 철 드림

차 례

2부 돌 보기를 황금과 같이 하라

3부 밀포드 사운드로 가는 길

4부 등잔불 세대의 촛불 생각

5부 배우고 생각하며

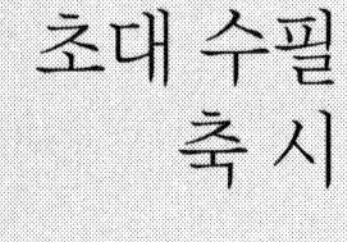

초대 수필
축시

| 초대 수필 |

따라 짖는 개

서정범

신용철 교수가 쓴 《공자의 천하, 중국을 뒤흔든 자유인 이탁오》란 책을 읽으며 이탁오는 공자의 천하시대인 16세기에 죽음을 무릅쓰고 할 말을 다한 문학가이며 철학가이고 사상가로구나 하는 생각이 든다.

이탁오는 그가 50세 이전의 삶을 회고하면서 자기는 한 마리 개였다고 반성하고 이제부터는 따라 짖는 개가 되지 않겠다고 선언했다.

여기서 내가 흥미를 끄는 것은 자기 자신을 '개'로 비유했다는 것이고 이제는 '따라 짖는 개'가 안 되겠다고 하는 사실이다. 자기 자신을 '개'로 비유한다는 것은 대단한 용기를 갖지 않고는 할 수 없는 일이다. 그래서 나도 따라 짖지 않는 개가 한 번 돼 보자는 생각이 들었다. 하긴 개는 오륜(五倫)을 가진 동물이라고 평하기도 한다.

개는 주인에게 절대 덤비지 않는데 이것은 군신유의(君臣有義)에 해당되고, 큰 개에게 작은 개가 덤벼들지 않는데 이것은 장유유서 (長幼有序)고, 아비의 털빛을 새끼가 닮으니 이것은 부자유친 (父子有親)이고, 때가 아니면 어울리지 않으니 부부유별(夫婦有別) 이고, 한 마리의 개가 짖으면 온 마을의 개가 따라 짖으니 이는 붕우유신(朋友有信)이니 오륜을 갖추고 있는 짐승이라고 사람 대우를 하는 것이다.

이탁오는 50세까지는 오륜의 개와 같았지만 이제부터는 오륜을 갖춘 그런 개가 아니라 한 마리가 짖으면 따라 짖는 그런 개가 안 되겠다는 것이다.

공자 천하의 세계에서 이탁오는 공자는 물론 맹자나 송대의 주자 등 유교의 대사상가들을 모조리 도마 위에 올려놓고 그들의 경전의 신성함을 부정하면서 자아의 실현과 사회의 모든 구속에서 벗어나려는 열렬한 자유인이며 자유를 위한 투사라고 할 만하다. 땅을 파면 물이 있듯이 모든 사람에게도 도가 있는 것이라고 기존의 도를 거부했다.

천리를 존중하고 인욕을 없앤다(存天理滅人慾)의 성리학에 반대하여 개인(私)과 이익(利) 그리고 욕망(慾)을 긍정하였다.

《분서(焚書)》에 나오는 〈동심설(童心說)〉은 그의 문학이론의 핵심이 된다. 동심설은 인간의 정·욕을 인정하고 기성의 가치와 종교와 유교 경전의 절대적인 권위를 거부하는 문학이론이며 동시에 철학이기도 하다.

인간 밑바탕의 마음인 순수, 선한 마음인 양지(良知)에 도달하려는 것이(致良知) 그의 일생 동안의 중심사상이었다.

그는 이를 동심(童心)이라 부르면서 외부에서 듣고 보는 것까지도 절연하는 어린아이의 마음을 최고의 도달점으로 삼는다. 그러한 시각에서 보면 《삼국지》와 《수호지》가 동심의 세계를 바탕으로 쓴 것이기 때문에 평가되며 논어나 맹자보다 못한 것이 뭐 있느냐고 반문했는데 이탁오 문학비평의 안목이다.

이러한 이탁오의 영향을 받은 청초의 문학비평가 김성탄이 유명하고 소설로서는 노신의 《아큐정전(阿Q正傳)》이 있고 한국에서는 허균의

《홍길동전》이라고 한다.

동심설의 영향을 받은 것은 아니지만 스페인의 세르반데스가 쓴 '돈키호테'도 그러한 범주 안에 들어갈 소설이다. 돈키호테나 아큐(阿Q)는 바보스러우나 순진하고 옳다고 생각한 것은 행동으로 옮긴다는 것이 공통된다. 홍길동은 바보스럽지는 않지만 때 묻지 않은 어린이의 순수함을 마음에 지니고 행동한다는 면에서 공통된다.

《분서》는 주고받은 편지를 모아 엮은 것이다. 당시의 형식과 허구로 가득 찬 유교적 지식인과 맞붙어 싸우는 전쟁터의 백병전을 연상하는 치열한 논쟁이며 중국사상 20세기 이전 유교의 경직화에 대한 총공격이었다.

《장서(藏書)》에서는 전국시대 이래 역사 인물 수천 명을 분류하고 이를 비판하는 공격을 하고 단죄한다. 그의 문장은 쉽게 썼지만 날카롭고 생동적이다. 뿐더러 해학·풍자·희화(戲畵)·역설·독설·냉소 등이 웃음을 자아내며 답답하고 막힌 가슴을 후련히 했다. 제자 왕본아는 그의 글을 평하기를 "무릇 선생의 말과 글은 참되고 절실함이 극에 달해 문장이 하늘을 놀라게 하고 땅을 움직여 귀머거리로 하여금 다시 잘 듣게 하고, 눈먼 사람을 눈 밝게 해주었으며, 꿈꾸는 사람을 깨어나게 하고, 취한 사람을 제정신이 들게 하고, 병든 사람이 다시 일어나고 죽은 사람이 살아나고, 조급한 사람을 진정시켜 주고, 어리석은 사람을 안정시켜주고, 정이 차가운 사람을 뜨겁게 해주고, 마음이 뜨거운 사람을 차갑게 해주고, 나무 울타리에 갇혀 있는 사람을 스스로 나가게 했으며, 뜻이 굳어 굽히지 않는 사람이 마음에도 없이 머리를 숙이고 마음을 꺾는 일이 없도록 하였다"라고 하였다.

'귀머거리를 듣게 해주고, 눈먼 사람을 보게 해주고, 병든 사람이 다시 일어나고 죽은 사람이 살아나고' 라고 했는데 좀 과장이 있다고 하더라도 세계적으로 그 어느 누구보다 뛰어난 능력을 지니고 있다고 하겠다.

병을 고치는 능력이 있는 박수가 아니었나 하는 생각이 들기도 한다. 대단한 기(氣)를 지니고 있어 '말과 글'로써 환자들을 치료하는 격이니 그의 '말과 글'은 하나의 부적이라 할 만하다. '따라 짖는 개가 안 되겠다'고 한 이탁오의 눈으로 우리나라의 현실을 어떻게 볼까.

이탁오는 76세 때 유교의 이단자·반역자라는 명목으로 체포되어 수감되었다. 취조관이 '선생은 어째서 못된 책을 많이 써서 성현들을 거역하느냐'고 묻자 '나는 그런 일 한 적 없다. 도리어 그들에게 도움을 줬지 해는 주지 않았다'고 하자 더 이상 묻지를 않았다고 한다. 수감 중 이발을 할 때 이발사가 경계심을 늦추고 있을 때 칼을 빼앗아 자결했다고 한다.

|祝 詩|

신용철申龍澈 동문 형님께

신광호申廣浩

푸른 숲 간직하며 문예 밝음이
발걸음 가지런한 일꾼
젊은 시절 꿈을 안고
경희 금강 배움터에 잔뼈 굵었지
착하고 맑은 얼굴,
다정하며 낮은 목소리

경기 포천에서 태어나 광동인
일꾼 되어
갈라진 나라 슬픔을 딛고
학해를 두루 돌아
명예 전당 보이네.

진실한 사람들
반갑게 다시 만난
평생학습의 뜰

피어나는 상사화 앞에서
돌아보는 첫사랑 그리움처럼
안타깝고 허무한 시기를 기억하는
꿈의 그늘집 노래 들어본다.

아름다운 에세이
《피어나는 상사화 앞에서》
같이 기뻐하며
생각하는 즐거움 이루어지기를
필자의 목소리 문득 들리네!

2023년 5월
신 광 호 적음

예쁜 은행잎이 다 떨어져요

01

피어나는 상사화 앞에서

내가 태어난 시골집 후원에는 꽃나무와 화초들이 많았다. 농촌의 가장 중요한 모내기 시기쯤이면 불두화(佛頭花)와 황매화 가득히 피어 장관이었다. 밤나무와 대추나무 및 배나무도 있었다. 그래서 주위의 산은 말할 필요도 없이 나무 속에서 살았으니 나무는 나에게 가장 친근한 이웃이고 벗이었다.

더구나 나는 서울 시민의 폐라고 불리는 광릉 숲에서 중고등학교 시절을 보냈으니, 숲과 나무는 나와 떠날 수 없는 친구들이었다. 아울러 산림고등학교에서 나무를 심고 보호하며 기르고 이용하는 것을 배우기도 했으니, 나무 없이는 삶이 허전하지 않을 수 없다. 그래서 대학에 입학 후, 교내의 조경을 보면서 조림에 대한 의견을 건의하여 총장님과 첫 대면이 이루어지기도 하였다.

그러나 고향을 떠나 한강 이남 반포 아파트에 오면서 인구가 밀집한 지역에 살게 되어 어린 시절 행복을 누릴 수가 없게 되었다. 그런데 다행히 나는 5층 아파트 중 1층이어서 앞에 있는 조그만 정원을 가꾸는 취미를 갖게 되었다. 키 큰 은행나무를 비롯하여 목련이나 대추나무, 전나무, 산사나무 및 감나무처럼 비교적 큰 나무와 주목, 목단, 장미 등을 심어 가꾸기도 했다.

이런 나무 외에도 함박꽃인 작약, 인동초를 비롯하여 봄에 일찍 피는 복수초와 개나리 등도 심었다. 그래서 이른 봄의 튜립과 황매화 등으로부터 한여름의 나리꽃이나 파란 도라지꽃과 늦가을의 국화같은 꽃들이 항상 정원을 지켜 주었다.

그런데 이 아파트가 오래되어 재건축을 하게 되니 나도 고층아파트로 이사하게 되었는데, 국제적으로 조경상을 받을 정도로 정원이 잘 정비되어 좋기는 하나 내가 할 일은 거의 없게 되었다. 하지만 벽 옆에 공간이 좀 있기에 전 아파트에서 기르던 꽃을 여러 포기 옮겨 심었는데 그중의 하나가 상사화이다. 상사화(相思花)는 글자 그대로 서로 생각만 하면서 이루지 못한 슬픈 사랑을 이야기하는 백합족의 수선과에 속한다.

이 꽃에 내가 처음 관심을 가진 것은 봄에 아주 일찍 싹이 나서 무성하게 자라더니 60여cm쯤 된 6월경에 잎이나 줄기가 모두 죽어버리는 것이었다. 나는 식물의 생애에서 꽃도 없이 죽어버리는 것이 이해가 안되고 너무 허전하다고 생각하며 실망했다. 그런데 무려 두 달이 지난 7-8월경, 놀랍게도 줄기나 잎이 없이 마치 풍력발전기 기둥처럼 미끈한 꽃대가 올라와 예쁜 꽃을 피우는 것이 아닌가! 그 부활과 재생이 너무나 신기하며 아름다움에 놀랐다.

이처럼 잎과 꽃이 만나지 못한다고 상사화 또는 피안화(彼岸花)라고 했는가 보다. 참 신기하여 금년에도 몇 포기 더 옮겨 심었는데, 7월이 다 가도록 꽃이 피지 않았다. 꽃잎이나 줄기는 이미 다 말라 죽었으니, 너무 가물고 토지가 척박해서 그러려니 하고 올해는 예쁜 상사화를 우리 정원에서 보지 못할 것이라고 생각했다.

그런데 오늘 8월 4일 아침, 정원에 들어가니 예쁜 연록색 상사화 4줄기가 솟아오르고 있지 않은가! 너무 반갑고 기뻐서 거름 섞인 흙을 돋우고 물도 주었다. 그리고 두 시간 후, 다시 와보니 또 다른 한 꽃대가 솟아오르고 있어 봄부터 공들인 보람을 생각하며 너무 흐뭇했다.

상사화를 보며 사람의 상사병(相思病)을 생각해 본다. 서로 생각하며 사랑하면서 이루지 못하여 죽는 병이라고 한다. 중학교 때 한 남학생이 바로 한 여학생을 생각하다 상사병이 났다는 이야기가 있었다. 그 여학생이 병문안을 갔지만 그 남학생은 결국 죽어서 슬픈 이야기만 남기게 되었다.

그러나 이 상사화 경우는 그래도 많이 행복하다고 생각하는 것은 설사 그 잎이 꽃을 보지 못한다고 하지만, 같은 뿌리에서 꽃대가 나와서 피는 것이니 너무 슬플 필요는 없을 것이라고 생각한다. '자기를 죽도록 사랑하는 여인을 알아보지 못한 채, 물에 비친 자기의 미모에 취해 빠져 죽었다'는 그리스 신화의 수선화에 비하면 더욱 그렇지 않은가?

우리가 잘 아는 《삼국지》의 유명한 영웅 조조(曹操)의 아들 위왕 조비(曹丕)가 그의 동생 조식(曹植)과 불화하여 핍박할 때, 조식이 지었다는 오언시(五言詩) 끝 구절인 "본래 같은 뿌리에서 왔는데, 왜 우리는 서로 볶아대야 합니까?"를 생각하면 매우 행복하다고 할 수도 있다. 비록 잎과 꽃이 함께하지는 못했어도 몇 달 후 그처럼 아름다운 꽃을 피우니 말이다.

우리 사람들의 세계에서 그런 일은 얼마든지 많지 않겠는가? 국가와 민족을 위해 몸 바친 국립현충원에서 그 많은 분들의 희생도 마찬가지일 것이다. 생애에서 큰 빛을 보지 못해도 그의 위대한 업적이 후세에 위대한 공헌을 할 수도 있는 것이니 상사화는 그러한 면에서 오히려 우리 인생 삶의 한 모습을 잘 보여주는 것이라고 생각한다. 이 세상 어디에나 같은 줄기에 잎이 무성하고 꽃이 피는 것처럼, 행복한 삶만이 아니라 상사화처럼 같은 뿌리에 나서도 서로의 개화(開花)를 보지 못하는 사람들이 많다.

살던 시대가 다르고, 거리가 멀거나 장벽이 가로막혀 서로를 그리워하면서 만나지 못해도 삶의 힘과 격려가 되는 것이 아니겠는가? 이것이 아마도 우리 인류의 삶을 이어주는 하나의 큰 원동력이 된다고 생각해 본다. 흔히 사람의 삶이 고독이라고 하는데, 한자의 외로울 고(孤)는 부모 없는 아이(子)와, 줄기에서 떨어져 나온 오이 과(瓜)의 결합인 것을 보면 역시 인간의 전 생애는 외로움과 떨어짐의 연속이 아닐까.

나 역시 어린 시절을 생각하면 서글퍼진다. 중학교 1학년 어린 나이에 전쟁터에서 후방 병원으로 후송되는 중상 입은 아버님을 낯선 개천가에서 영원히 사별하였다. 참으로 허무하기가 줄기와 꽃이 만나지 못하는 바로 이 상사화같다.

그 후 참으로 힘든 세월을 고독하게 이를 악물고 살아왔다. 그날을 잊지 않은 채 아버님을 항상 생각하며 70년을 살았다. 아버님이 사셨던 40년의 두 배를 넘게 산 셈이다. 2개월의 상사화에 비해 너무 긴 시간이었다고 생각해 본다. 내 삶의 과정이나 오늘을 함께 하시지 못한 아버님은 지금 나의 모습을 어떻게 보실 것인가? 잎과 함께 피지 못한 꽃처럼, 내 삶의 과정을 생각하며 나는 그저 끝없이 서글플 뿐이다.

"사랑(세월)이 왜 이리 고된가요, 이게 맞는가요? 나만이 이런가요, 고운(그리운) 얼굴 다시(한번) 못 보고서, 이리(그렇게) 보낼 순 없(었)는데"

안세은의 〈상사화〉 노래 가사를 생각하며, 피어나는 상사화 앞에서 너무 허무하고 비통하게 떠나가신 아버님을 생각한다. 그리고 더욱 한없는 부끄러움과 그리움이 파도처럼 밀려온다.

봄이 오는 정원

아직 지루한 겨울을 지탱하던 얼음이 채 녹지도 않은 듯한데, 정원의 파릇한 새싹이 봄을 알린다. 그 모진 추위에서도 연약한 듯이 보이는 수선화와 튤립이 놀라운 힘으로 지면을 뚫고 올라온다. 수선화가 제일 먼저 노란 꽃잎으로 정원을 장식하면서 노란 개나리가 뒤를 따르더니 앵도(櫻桃) 역시 하얀 꽃망울을 터뜨린다. 튤립 꽃대가 쑥 자라면서 머지않아 아름다운 꽃을 피울 것이고, 빨간 매화가 예쁜 봉오리를 준비하니 〈고향의 봄〉이란 민족의 정서에 익은 '꽃 대궐'이 이 정원에 차려질 모양이다.

많은 사람들이 아파트 1층을 좋아하지 않지만, 나는 30여 년간 1층에서만 살며 만족하는데, 이는 내가 정원에 나무를 심고 꽃을 가꿀 수 있기 때문이다. 붉은 매화에 이어 황매화가 꽃봉오리를 준비하고, 동양 전통적 꽃의 여왕인 시원하고 우아한 목단(牧丹)이 피면, 우리는 실로 봄다운 봄을 꽃으로 가득한 정원에서 느끼게 될 것이다. 이어 다시 서양 꽃의 대명사격인 장미가 그 아름다움을 한껏 뽐낼 것이다.

물론 키 큰 목련이 이미 그 시원한 꽃잎을 활짝 피웠고, 수백의 동백꽃도 빨간 봉오리를 자랑하고 있다. 이어서 철쭉이 피고나면, 짙은 향내로 정원을 가득 채우는 더덕 순과 인동초 덩굴이 벌써 벋어나갈 준비 중이다. 봄의 지각생인 대추나무, 감나무와 함께 아직은 봄의 잎새조차 내밀지 않는 은행잎도 봄의 정원에서 힘찬 마지막 주자가 될 것이다.

샛노란 아름다운 은행(銀杏)잎들이 차가운 바람에 눈처럼 떨어져 휘날리던 작년 늦가을 날, "은행잎이 다 떨어져요!" 하며 소녀처럼 아쉬워하던 그 나무 바로 옆 은행(銀行) 여지점장의 말이 생각난다. 그처럼 아쉬워하던 은행잎이 다시 돋아나고, 머지않아 봄은 새로운 잎으로 나무를 덮을 것이다. 하지만 떨어지는 잎을 아쉬워하던 마음씨 고운 여지점장은 멀리 떠나가 버렸으니, 자연의 나무와 잎은 전처럼 변함이 없는데, 사람만이 가벼렸음을 나무도 알면 못내 아쉬워 할 것이다.

풀을 뽑고 물을 주며 자연의 신비로움과 꽃의 오묘함에 취해 있는데, "할아버지 안녕하세요?"라며 위층 5살짜리 어린 은재가 인사를 한다. 태어난 지도 얼마 되지 않은 것 같은데 벌써 5살이 되어 혼자 외출도 하고, 바퀴살만 빼고 모두 핑크색인 예쁜 자전거를 타고 다니는 모습을 보니 너무 귀엽다. 특히 어린아이 같지 않게 말을 너무 또렷하게 잘 할 뿐 아니라 보기만 하면 길 건너에서나 위층에서도 큰 소리로 인사를 한다. 코가 땅에 닿을 듯이 머리를 숙여 인사를 하니 얼마나 착한가?

벌써 많은 것을 배우러 다니는 듯해서 물어보니, "영어와 과학, 한문 그리고 줄넘기"를 배웠다고 자랑한다. 갖고 있는 책을 펼치며 영어를 줄줄 읽어준다. "한문으로 네 이름을 쓸 줄 아니?"라고 했더니 "당연하지요"라고 마치 어른처럼 대답해서 놀랐다. "은재의 이름자는 무슨 글자이냐?"고 물으니, "은 은(銀) 자와 재상 재(宰) 자애요"라고 한다.

개방사회의 여러 매체와 어린아이들에 대한 교육의 관심이 고조되어 급격하게 달라지는 우리 사회를 실감한다. 은재 나이 때, 시골 서당에서 한자만을 매일 배워 되풀이하던 내 어린 시절을 생각해 본다. 그리고 그 인사 잘 하는 어린 은재의 착한 마음이 참으로 대견하다. 가르침의 영향이기도 하지만, 착한 본성과 영리함에서 일 것이라고 생각한다. 초등학교 어린이 같던 은재 언니 은서도 이미 중학교 3학년으로 키가 어른처럼 크고, 항상 아주 씩씩한 모습으로 매우 바쁜 듯하다. 그 역시 아주 밝고 어려서부터 인사를 잘한다. 영어와 사회과목을 좋아한다는 꿈 많은 은서는 키는 커도 아직 어린 중학생이다. 새싹과 아름다운 꽃들이 피는 봄의 정원에서 뿐아니라, 이 착하고 예쁜 최은서와 은재 두 아이들을 보면서 우리 아파트의 삶에서 따뜻한 봄을 더욱 행복하게 느낀다.

우리의 어린이날을 제정한 아동문학가인 소파 방정환(方定煥, 1899-1932) 선생은 "어린 아이는 어른의 선구"라고 칭찬했다. 그는 〈어린이 예찬〉이라는 글에서, "위엄뿐인 하느님보다는 어린 아이의 자는 얼굴을 예배한다"고까지 했다. 내가 평생 연구한 중국 사상가 이탁오(李卓吾, 1527-1602)는 "어린 아이의 마음(童心)은 인간의 참된 마음(眞心)이며 참된 사람(眞人)의 시작이라고 하지 않았는가? 이 어린 아이의 마음(동심)으로 한다면 모든 분야 크게 성취한다"고 역설했다.

봄이 가득한 정원에서 돋아나는 새싹과 아름다운 꽃들을 보면서 풍성해질 한 해의 정원을 상상하며 흐뭇하다. 더구나 매일 크며 항상 인사 잘하는 위층 두 아이들, 중3 은서(銀徐)와 은재, 금년에도 건강하고 더욱 착하게 이 봄을 아름답게 해 줄 것이다. 감수성이 예민하고 기억력이 출중한 어린 두 아이들이 항상 건강하고, 더욱 알차고 유익하게 그리고 지적 성숙도 착실하여 훌륭하게 성장하기를 바란다.

꽃보다 아름다운 마음

차에서 내려 집으로 들어가려 하는데 여러 마리 까치들이 베란다 주위와 푸르게 우거진 키 큰 낙우송 사이를 분주히 날면서 매우 절박한 소리로 울어댄다.

저녁때가 되어서인가, 아니면 새끼를 잃어버렸는가 해서 의아하게 생각했다. 또 우리에게 잘 알려진 대로 '까치가 울면 반가운 일이 생긴다'는 말을 떠올리면서 혹 좋은 일이 있을까 생각하기도 했다.

집에 들어가니 두 딸이 보이지 않는다. 나는 집사람에게 어디를 갔느냐고 물었다. 대답이 참으로 의외였다. 까치가 땅바닥에 떨어졌는데 부상이 심해서 치료를 해 주기 위해 동물병원에 갔다는 것이었다.

밖에서 까치들이 매우 시끄럽게 울었다고 하니 그래서 그런 모양이라고 한다. 다른 일에는 무관심할 때가 많은 대학원생인 큰 딸 동미(東美)가 유독 새나 강아지 같은 동물들에 대해서는 관심이 많은 것이 때로는 신기하게 느껴지기도 한다. 중고등학교 다닐 때부터 '대학에 들어가면 반드시 강아지를 사겠다'고 해서 "아니 아파트에서 어떻게 개를 키우겠느냐? 그리고 그 배설물들을 어떻게 하겠느냐?"고 반대했었다. 그리고 아이들의 그런 말은 그저 농담이려니 했었다. 그런데 어느 날

집에 가니 잘 걷지도 못하는 강아지를 한 마리 사 가지고 왔다. 나는 어떻게 기르겠느냐고 다시 좀 나무랐지만 별 도리가 없었다.

그런데 시간이 지나면서 보니 자라는 모습이나 하는 짓이 아주 귀여울 때가 많았다. 특히 아파트 생활에서 모두 고립적이고 이웃과의 관계가 적은 가운데 밖에서 돌아오면 그래도 꼬리치고 반갑게 달려드는 것을 보면서 아이들에 대한 원망은 사라지고 말았다.

사실 요즘에는 나도 아침저녁으로 강아지를 산보시켜 주는 것이 하나의 생활 리듬이 되었고 그로 해서 얻는 즐거움도 있고, 또 말없는 속에서 교훈을 받기도 한다.

중국의 진시황 때 유명한 재상이었던 이사(李斯)가 그 정적들에게 잡혀 죽으면서 “내가 벼슬을 그만두고 고향에 가 누렁이(자기 집 개)와 산보나 할까 했더니, 그것도 이제는 다 틀렸다”고 한 말을 생각하면서 역시 지금 나만의 문제는 아니라고 생각해 본다.

산보를 나가면 제가 가던 곳이 있어 그저 앞에서 끌고 간다. 뚜렷한 목표가 있는 것은 아니지만 이곳으로 갔다가, 갑자기 저곳으로 가는 모습이 그저 우습기도 하고 또 천방지축인 것 같아서 답답할 때도 있다. 그러나 우리 사람들은 그들보다 무엇이 나을 수 있을 것인가 나는 가끔 생각해 볼 때가 있다.

짧은 시간 살아가는 동안 강아지를 보는 내 모습처럼, 나의 삶을 멀리서 그리고 높이서 모두 바라보는 절대자가 있다면, 내 삶이 움직이는 모습도 바로 이 강아지의 천방지축한 움직임처럼 볼 것인지 또는 귀엽게 볼 것인지 혼자 생각해 본다.

또 큰 아이는 새를 사다 길러서 그도 강력히 반대했지만, 모두 헛일이었다. 새장에다 넣고 물을 주며 먹이를 주는데 아주 규칙적으로 잘 해 주어서 별 문제가 없다. 새를 꺼내 거실에다 두고 또는 어깨에다 앉히며 돌아다니는 모습을 보면 우습기도 하고 또 동물을 사랑하는 마음을 엿볼 수 있는 것 같아 동물학을 전공했어야 했다고 가끔 생각하기도 한다.

얼마 지나니 두 아이가 까치 새끼를 가지고 돌아왔다. 경과를 물으니 부상이 심해서 수술을 받았다는 것이다. 수술비를 의사가 반으로 깎아 주었다고 기뻐하고 있다. 다만 까치 부상이 너무 심해서 전혀 움직이지도 못하고 가만히 있는 것이 매우 안타까웠다. 우리 모두는 빨리 까치가 회복되어 날려 보낼 수 있기를 바랄 뿐이었다.

아이는 저녁에도 자주 들여다보며 또 물을 주어야 한다고 솜에다 적셔서 대 주기도 하고 정성이 지극한 것이 사람에게보다 더 한 것 같아서 우습기만 했다. 새벽에 일어나 나는 궁금해서 아이에게 물었다. 그런데 아이의 대답은 참으로 침통한 것이었다.

"밤에 죽었어요"

울음 섞인 듯한 매우 서글픈 목소리였다. 기르던 동물이 벌써 세 번째 죽은 것이다. 처음은 토끼였고 그 다음은 교통사고를 당한 강아지였으며, 까치가 세 번째인 것이다. 나는 아무 말도 하지 않았다. 그리고 그의 처리에 대해서도 묻지 않았다. 아침에 운동을 하고 집에 돌아오며 정원을 보니 흙을 판 자리가 있었다. 아마도 그곳에 까치를 묻었으리라 짐작했다. 그래도 아무 것도 묻지 않았다.

오후에 집에 돌아오다 보니 아침에 까치를 묻었을 곳에 몇 송이의 시들은 꽃이 놓여 있었다. 큰 딸이 갖다 놓은 것이 분명하다. 짧은 시간의 만남이었지만 동물에 대한 애정을 잘 느낄 수 있는 것이다.

조선왕조 시대 유명한 재상이었던 오성 이항복(李恒福)이 새를 갖고 놀다가 죽게 하고 나서 묻으며 "내가 너를 죽이지는 않았지만, 네가 나 때문에 죽었으니 내 이를 슬퍼하며 장사지내노라" 하고 시를 지었다는 생각이 난다.

내가 가꾸어 놓은 장미 꽃송이들이 5월의 뜰을 새빨간 빛으로 아름답게 꾸며주고 있다. 그래서 지나가는 사람들도 참으로 아름답다고 경탄을 아끼지 않는다. 그러나 새빨간 장미꽃보다 딸아이의 순수한 마음이 훨씬 더 곱고 예쁘게 느껴진다.

손잡고 함께 걷자

남이 부러워하는 지위에 이르려면, 3대 적공이 필요하며, 정년까지는 5대 공덕이 쌓여야 한다고 해서 웃은 적이 있다. 그것이 어디 특별한 지위 뿐만이겠는가? 평범하게 살아도 혈통과 양육으로 보아 모두 아주 당연한 이야기이다.

내가 태어났을 때, 증조부는 75세이셨으니 4대 집안이었다. 그리고 증조부께서 내가 스무 살 때 돌아가셨으니, 95세로 건강하게 장수하셨다. 고향에서 뵙지는 못했지만 고조부가 지었다는 집터와 그 옆의 산에 아직도 밤나무 등을 심어 지난날을 회상해 보곤 한다.

전쟁으로 아버님을 일찍 잃었지만, 혼자인 나는 증조부와 할머니, 할아버지의 사랑을 많이 받으며 자랐다. 넉넉하지 못한 형편에 전쟁으로 시달리던 38선 근처 환경을 가끔 탓하지만, 그래도 최선을 다해 주신 데 대해 뒤늦게나마 고맙게 생각한다.

부모와 선조에 대한 은덕은 내가 선조가 될 때쯤 아는 것이 인간의 속성인지, 이제 늙으면서 태어나는 어린 아이들을 보면서 더욱 간절해진다. 역사 속의 수많은 인물들의 전기에서 아니라 새싹으로 자라나는 아이들에게서 기쁨을 느끼는 것은 바로 인간의 행복이고 또 인류가 생존해가는 원동력이라고 생각한다.

생각과 행동이 느려지면서도 봄날 파란 새싹처럼 자라는 손자 손녀들 모습에서 새로운 희망과 삶의 보람을 느끼는 것은 모든 노인들의 즐거움이다. 3살 조금 넘은 손자 유찬(諭澯)이의 말 배우는 능력이나 생각의 발전이 너무 신기하고 대견스럽다. 가을에 은행나무 밑을 지나면서, "방귀를 뀌어서 냄새가 난다"던지, 버스를 타며 기사님에게, "내가 앉은 뒤에 떠나세요!"라는 어른 같은 부탁에 웃음이 난다.

손녀는 이제 1살이니 걷지는 못하지만, 겨우 일어서려는 그 노력이 가상하다. 말은 못해도 말을 걸면 제 딴에는 무어라 알아들을 수 없는 대꾸를 하니 그 또한 수백 번의 언어 연습일 것이다. 우리 인간들이 거쳐야 할 수많은 시행착오를 반복하고 있는 교육과정이다.

걷고 말하고 생각하는 아이들의 성장과정에서 새로운 접촉을 통한 모방과 문화 창조의 노력을 보며 우리는 한없이 흐뭇하다. 그들에게는 선과 악의 구별이 없다. 아니 구별할 줄도 모른다. 오직 하고 싶은 욕망과 하고 싶지 않은, 마음의 가식이 없는 순순한 동심(童心)이 있을 뿐이다. 사람의 초심(初心)인 동심을 고대부터 성현들은 인간의 가장 고귀한 본심이라고 높이 평가해왔다.

본심의 동심을 오래도록 잘 보존하며 그를 바탕으로 행동하면 지극한 선과 보람으로 성공한다고 성인들은 칭찬했다. 어차피 그런 이상이야 삶에서 이루기 힘들지만, 아이들의 자람을 보면서 그렇게 삶이 보람 속에서 잘 성취되기를 바란다.

낯이 익다고 만나면 반가워 웃고, 멀리서도 기어와서 안아달라고 하니 그 또한 새로운 친구와 애인이 생긴 것이다. 손가락으로 무엇인가를 가리키며 종알대고, 볼펜으로 쓰는 척하며 보라고 하니 곧 말을 할 준비이다. 어느 아이나 그렇지만 무슨 말을 처음 하려는지 아주 기다려진다. 3살 반짜리 손자가 할아버지를 "합비", 할머니를 "함니"라고 한 것을 생각하며 귀여운 예나(睿娜)의 첫말을 기다려 본다.

손뼉 치고 노래해 주면 엉덩이를 들썩이는 손녀 예나의 모습은 생동하는 인형 같지만, 매일 매시 크게 변화하고 성장하는 힘찬 삶의 활동이다. 아직 좀 싸늘한 봄이지만, 바로 아지랑이 아른거리고 파란 싹들이 대지를 푸르게 덮기 시작할 때쯤이면 귀염둥이 예나의 발걸음이 시작될 것이다. 그리고 머지않아 어떤 표현이던 "할아버지!"라고 부르며 쫓아올 날을 기다린다.

우리의 뜰과 공원에 아름다운 꽃들이 피어날 때, 귀여운 네 고사리 손을 잡고 힘찬 내일을 위한 걸음걸이를 시작하자! 그리고 차츰 동과 서의 세계를 넓게 다니던 할머니, 할아버지의 많은 이야기들을 재미있게 들려주고 싶다. 지금 할아버지가 지난 4분의 3세기를 돌아보며 너를 보듯이 너도 기쁨으로 훗날 오늘을 되돌려 보기를 바란다. 그때 어떤 세월이 될지 모르지만 지금보다 더욱 앞선 좋은 세상이길 바라는 마음 간절하다. 역사는 언제나 변증법적으로 발전하는 것이니 보다 향상된 그날들이기를 바란다.

너희들 마음속의 그 순진하고 자유로운 희망과 욕망이 새봄의 푸르름처럼 시원하고 아름답게 펼쳐지길 바란다. 항상 생동하는 기백으로 세상을 훨훨 날아 꿈을 펼쳐주면 너희들에게도 큰 기쁨이고 온 가족의 힘찬 격려의 박수를 받을 것이다.

한강 서래섬에서

이름도 자연처럼 예쁜 서초구 반포동 한강변에는 조그만 인공의 '서래섬'이 있다. 한강을 정비할 때 만들어진 섬이다. 강물이 흘러오는 동쪽 반포대교와 국립 현충원 앞을 지나는 동작대교 사이에 있다. 지금은 자취를 찾을 수 없으나 다리가 없던 옛날에는 나룻배로 이촌동과 왕래했으니 '동재기 나루(銅雀)터'라고 쓰여진 자연석에서 전날의 역사를 읽는다.

처음 이 섬을 만들 때는 풀과 나무와 버드나무를 꺾어 심었는데 지금은 억새풀이 우거지고 나무들이 자라 훌륭한 그늘과 경관을 만들어 준다. 반포지역 아파트들이 고층이 아니어서 인구가 적고 조용한 생활 공간이긴 하지만, 국립현충원과 함께 한강변 유원지와 이 서래섬 주변은 아주 인기가 높은 곳이다.

여러 운동시설과 자전거 길을 지나 좁은 다리로 고구마처럼 길쭉한 이 섬에 들어가면 우선 시원하게 흐르는 한강을 만난다. 북쪽으로 남산과 TV탑이 우뚝하다. 애국가 가사에 나오는 '철갑을 두른 저 소나무'는 보이지 않지만, 온 산을 장식하는 봄날의 아름다운 꽃들이나 가을 단풍을 지나 겨울의 설경에 이르기까지, 서울의 브랜드인 한강에서 남산의 멋진 정경을 즐길 수 있는 곳이다.

동쪽 상류 압구정동이나 동호대교 및 한남대교 아래 반포대교로 다리가 많이 생겼다. 잠수교와 함께 상하층으로 달리는 남북 대동맥 반포대교는 행사가 있을 때는 시원한 분수를 뿜어 사람들을 모은다. 바로 그 아래 야심적으로 물 위에 지은 "새 빛 둥둥 섬"은 한강의 명소가 되었다.

역사와 함께 구부러지며 흘러오는 한강 물줄기도 시원하지만, 북쪽 산기슭에 피어나는 봄철 개나리가 장관을 이룬다. 강 건너로 국립박물관과 옛날부터 군영지이던 용산은 이제 대통령 관저와 공원으로 서울의 중심이 되었다. 서쪽으로 흐르는 한강은 여기서 조금 머물다 휘어지는데, 저녁나절 석양에 지는 해와 함께 여의도 63빌딩과 여러 다리들이 삶의 연결과 조화를 이루는 듯해서 장관(壯觀)이고 유쾌하다.

물이 잠시 머무는 듯한 포구 반포의 옛 역사는 이수교에 표적을 남기고, 그 건너 나지막한 산록에 위치한 14만여 분의 구국순국 영혼들이 우리를 굽어보는 듯하다. 유구하게 흐르는 한강과 남산을 바라보며 흐뭇하다. 동작대교 남단 양편에는 우뚝한 전망대에서 커피를 마시거나 한강의 서울을 감상하는 멋진 곳이다.

고구마처럼 길게 만들어진 인공섬인 서래섬 둘레길에서 강과 그늘 아래 낚시꾼을 보며 산책하는 사람들의 발길이 끊이지 않는다. 동북의 남산 방향이나 흘러오는 한강다리 등 양안(兩岸)의 모습을 바라본다. 북한 평양의 대동강 변에 위치한 옥류관 발코니에서 대동강을 내려다보며 주변의 명승을 즐기는 그러한 시설이나 환경조성이 바람직하다.

처음 만들어질 때 보다 섬은 더 높아졌다. 여름에 홍수가 나면 물이 넘쳐 나무도 끝만 보일 정도인데 물이 빠지면 새로운 흙이 덮여 높아진 것이다. 그래서 토지가 비옥해지니 유채꽃이나 채소 등을 심기에 아주 적합하다. 이 작은 섬에 쌓이는 충적토(沖積土)를 보면서 나일강이나 황허(黃河)가 옛날 이집트와 중국의 문명을 발달시켰던 역사를 연상한다.

금년에는 이 섬에 메밀을 심었다. 그래서 메밀꽃을 심었으니 들어가지 말라는 팻말이 여기저기 보인다. '메밀을 심었다'고 하면 되는데 말이 좀 어색하다. 이 메밀밭 가운데로 만들어 놓은 길을 따라 걸으면서 강원도 봉평 문인 이효석의 〈메밀꽃 필 무렵〉을 생각한다. 심은 지 오래지 않았는데 벌써 꽃들이 피기 시작한다. 조금 있으면 도시에서 보기 힘든 강으로 둘러싸인 서래섬에 메밀꽃이 장관을 이룰 것이다. 그리고 메밀꽃 축제가 또 사람들을 불러 모을 것이다.

메밀은 대가 약해 보이지만 빨리 자라고, 특히 홍수 등 자연재해를 당한 농민들의 구황식물(救荒植物)로서도 인기가 높았다. 특히 오늘날에는 웰빙식품으로서 인기가 높은데 꽃까지 아름다우니 역시 좋고 유익한 식물이며 농작물이다.

밤이슬로 촉촉이 젖은 풀들을 밟으며 포장되지 않은 길을 걷는 느낌은 참으로 상쾌하다. 강가에 축 늘어진 버드나무 가지와 하얀 메밀꽃이 유난히 아름다운 아침이다. 메밀의 붉은 대와 파란 잎새 위로 하얗게 피어나는 자연의 조화가 참으로 오묘하다. 위에는 하늘이 높고 푸르며 바람 또한 시원하니 익어가는 가을이 정겹다.

바람이 가볍게 옷자락을 흔들어주고, 낚시꾼들이 월척을 기다리는데 자연과 가을에 취한 채 메밀밭 가운데 서서 나도 이들 메밀꽃처럼 하얗게 되어가고 있는 듯하다.

메밀에 둘러싸여 푸른 강물에 한가로이 흘러가는 돛단배를 보니, "바람은 내 옷깃을 가볍게 스치고, 배는 연이은 물결로 가볍게 흔들린다"는 귀거래사(歸去來辭) 중 도연명(陶淵明)의 시귀(詩句)가 떠오른다.

예쁜 은행잎이 다 떨어져요

우리가 사는 아파트는 5층이어서 주택지는 물론 주변의 모든 건물도 높지 않아 겨우 6층 건물이 제일 높다. 사실 요즈음 서울에서는 아파트 등 높은 건물에 익숙한 때문에 낮은 건물이 오히려 낯설기도 하다. 그래서 얼마 전 집 근처 제일은행 앞에서 학생과 만나자는 약속을 한 적이 있는데, 시간이 너무 늦어서 이유를 물었더니, 은행이라 건물이 높을 줄 알고 찾느라고 늦었다고 해서 웃었다.

단지 안 제일은행은 단층의 평범한 작은 건물이니 직원도 많지 않아 가정적인 분위기다. 특히 은행들이 많이 강조하는 '문지방이 낮은 은행'이라고 가끔 생각해 본다. 글을 모르는 시골 분이 언젠가 제일 좋은(조흥)은행이라고 해서 웃은 적도 있듯이, 이름을 중요시하는 우리나라 전통에서 '제일'이란 이름은 참으로 매력적이다. 물론 어느 은행이나 모두 그렇지만 직원 분들이 매우 친절하다.

전에 여학교에서 가르치던 한 학생이, "서울대 교수인 아버지가 은행에 갔는데, (어머니인)여직원이 아주 친절하여 자기에게만 그런 줄 알고 사귀어 결혼을 하게 되었다"고 해서 재미있게 생각한 적이 있었다.

세상이 바뀌고 특히 컴퓨터 생활에 익숙해져 이제 연말에도 크리스마스카드나 연하장을 보내는 풍속도 차츰 줄어든다. 그런데 작년 말, 우리 아파트 제일은행 지점장의 연하장을 받고 참으로 '새로운 옛날의 생각들'을 되살려 볼 기회를 가져서 행복했다. 더구나 연하장 내용은 인쇄물 끝에 싸인만 한 것이 아니라, 직접 글씨를 썼으니 더욱 아름다운 마음씨를 느끼지 않을 수 없었다.

지난 가을, 은행 앞 아파트 단지 내 4차선 도로 옆의 샛노란 은행나뭇잎이 눈처럼 휘날리던 날이었다. "저 아름다운 잎이 바람에 다 진다"고 너무 아쉽게 생각하던 최 지점장의 소녀 같은 감수성에 다시 '은행' 옆에서 가을의 '은행잎'을 깊이 생각한 적이 있었다. "엊저녁 밤새 비바람 소리 들렸으니, 꽃잎이 얼마나 떨어졌는지 알겠다(夜來風雨聲 花落知多少)"고 한, 고대 중국 맹호연(孟浩然)의 〈봄의 새벽(春曉〉이란 시에서처럼, 봄날 대신 휘날리는 낙엽처럼 사라져가는 늦가을을 아쉽게 생각했다.

그래도 겨울을 밀어낸 봄은 얼어붙은 대지를 새로운 숲으로 다시 푸르게 덮을 것이다. 끝과 시작이 반복되고, 영광과 쇠퇴가 정해진 바 없으니 우리는 작은 일에 지나치게 붙잡혀 세상을 고민하거나 기고만장할 필요는 없을 것이다.

성탄절을 사흘 앞둔 오늘 나는 조그만 용무로 제일은행 문을 들어섰다. 싼타 옷을 입고 선물바구니를 든 '예쁜 소녀' 같은 여인이 다가왔다. 인사를 하며 바구니에서 사과를 하나 꺼내 주는데, 그분이 바로 최 지점장이다. 나는 그분의 재치와 흥미로운 복장에 새삼 놀랐다. 원래 미인에다 친절한 최 지점장이니 은행 안이 환해진 듯하다. 나는 가방 속의 카메라를 꺼내 이 아름다운 분위기를 몇 장 찍었다. 은행 직원 한 분이 지점장과 함께 사진을 찍어준다.

무섭던 ‘호랑이’ 한 해를 뒤로하고, ‘토끼’ 해를 앞두고 12월을 마감하는 은행 안의 풍경이 참으로 정겨웠다. 숫자와 계산에 익숙하지 못한 나에게 은행은 항상 ‘숫자와 계산 뿐’이라는 고정 관념을 없애게 한 아주 의외의 아침이었다. 은행에서 처리할 일을 도와주는 강 선생도 아주 친절하게 설명을 해주어 함께 사진을 찍었다. ‘떡 본 김에 제사 지낸다’고 카메라 가진 김에 사진을 찍으며, 제일은행에서 크리스마스와 연말을 앞두고 친절하고 아름다운 분들과 훌륭한 시사회(試寫會)를 가졌다고 기쁘게 생각하며 은행 문을 나선다.

묵은 세배와 새 설날

어릴 적의 설은 그냥 설레는 날이었다. 한 살 더 먹어서 기뻤고, 떡국 먹는 것도 모두 즐거웠다. 새 옷을 입고 어른들에게 세배하고, 외가를 찾는 것들도 모두 한 해를 시작하는 통과의례로 생각해서 가벼운 흥분으로 들떠 있었다.

그때 설날은 그 전날 저녁부터 바빴다. 섣달 그믐날 저녁이면 우리는 '묵은세배' 를 했다. 지금은 좀처럼 보기 어려운 세배 관습이었다. 옷을 갈아입고 큰댁에 가서 이야기하다가 집에 돌아올 시간에 사당 문을 열어 위패에 절하고 다른 어른들에게도 한 해 마지막 절하고 집으로 돌아왔다. 이것을 '묵은 세배' 라고 했다. 한 해를 마무리하며 돌아가신 선조들께 감사 인사를 드리고, 날마다 뵙는 어른들께도 절했다.

그때 사당 마루는 촛불이 켜져 있어도 난방이 안 되어서 몹시 추웠다. 지금 생각하면 그대로 의미 있는 전통이었다고 생각한다. 한 해를 무사히 보냈다는 감사를 선조와 어른들께 했으니 말이다.

며칠 전 한국의 전통과 민속에 관심이 큰 문사(文士) 한 분과 대화 중이 '묵은 세배' 이야기를 했더니 깜짝 놀라며, "그런 전통적 관습을 책에서는 읽었는데, 신 교수께서 직접 시행하셨다니, 평산 신 씨의 가문이 참 대단합니다"라고 해서 나도 깜짝 놀랐다. 왜냐하면 나는 그 당시에 이러한 관례는 많은 가정에서 시행되었으리라 믿었기 때문이었다.

설날 아침이면 설레는 마음으로 일찍 일어나 세수하고 우선 집안의 최고 어른이신 증조부와 할아버지, 할머니 및 아버지와 어머니에게 세배했으니, 엊저녁의 '묵은 세배'에 대해 '햇-세배'인 것이다. 그리고 큰댁으로 가서 차례를 지낸다. 차례는 항상 마루에서 지내니 추웠지만 참을 수밖에 없었다. 차례 후 네 가정의 남자들이 함께 음복을 하니 한 해의 첫 식사이었다. 떡국과 다과이었다. 두 번째 차례가 우리 집이다. 우리 집에서는 차례 후 음복한 지가 오래되지 않아서 많이 먹을 수는 없었다.

세 번째 차례 후에는 음복을 하지 않고 네 번째 마지막 집에서 차례 후 음복을 하면 그것은 점심이 되었다. 이렇게 네 집에서 차례를 마치면 대략 오후 3시쯤 되었다. 그래서 설날이나 추석의 차례와 음식도 좋았지만, 오래만에 모인 집안 어른들의 고향이나 살아가는 어려움 및 세상 이야기가 매우 흥미로워 세상 소식과 문화의 교류장이 되기도 했다. 한 해 동안 성장한 우리 어린이들은 귀여움을 받았다.

그런데 차례로 그날의 행사가 다 끝나는 것은 아니었다. 선조들의 묘소를 찾았다. 나의 고조부 묘소는 마을 주변으로 가까웠지만, 다른 선조들의 묘소는 3km나 되는 거리에 있어서 다녀오려면 날이 어두워지기도 하였다. 특히 산 중턱에 있는 묘소는 길도 제대로 없고 나무꾼이나 겨우 다닐만한 비탈이어서 어린 나에겐 힘들었다.

특히 설날에는 거의 날씨가 춥고 눈이 쌓일 때도 있어서 고역이었다. 하지만 지금 생각하면 선조의 묘역을 알게 되고, 너무 먹은 날이라 운동도 되는 긍정적 효과도 있었다. 이러한 유교적 차례와 관습은 오늘날에는 그대로 시행하기도 힘들고 또 필요성이 부정되지만, 설날이면 그

때가 항상 생각된다. 그래서 내가 학업을 위해 고향을 떠나기 20세 중반까지 설날과 추석은 차례와 성묘 이외 다른 일은 나에게 생각될 수 없었다. 설날이 지나도 며칠은 세배 다니기 바빴다. 나는 2km쯤 떨어진 외가에 가서 세배하는 것이 관례이었다. 한편 외가 분들도 우리 집의 증조부에게 세배 오는 분들이 많았다. 증조부는 우리 면에서 가장 장수하셔서 95세나 되셨으니 세배 오는 사람들이 많았다.

그런데 이러한 명절이면 할머니나 어머님 등 여인들의 노고가 너무 컸다. 당시에는 새 옷을 비롯하여 두부나 떡은 물론 술과 엿까지도 집에서 모두 만들었으니 쉴 틈이 없었다. 훨씬 후에 그날의 과중한 일이 며느리 증후군으로 사회문제가 되기도 했지만, 그 당시 우리의 할머니, 어머님은 그저 숙명적으로 받아들이고 사셨다.

이제 이미 80 중반의 노년에 이른 내가 생각하는 그때의 설날은 참으로 기쁘고 낭만적인 꿈처럼 회상된다. 그리고 그때 함께했던 많은 분들을 이제 다시 만날 수 없어 생각만 하니 그립다.

오늘도 설날을 며칠 앞두고 아침부터 눈이 내린다. 그때도 자주 눈이 왔었다. 내리는 눈을 보면서 어릴 적 고향의 설날에 대한 기억들이 그저 흰 눈처럼 내 마음속에도 내린다. 그리고 그때 나를 길러주시고 끔찍하게도 아껴주시던 증조부와 할머니와 할아버지, 어머님과 아버님에 대한 그리움과 감사함이 마음속에 펑펑 쏟아져 내리는 듯하다.

눈 오는 아침에

기상청의 예보대로 아침부터 눈이 내린다. 먼지와 소음으로 찌든 도시를 하얀 눈이 내려덮는 것은 참으로 한겨울의 큰 축복이다. 나는 고향에서 어려서부터 눈을 좋아했다. 그래서 눈 내리는 날이면 고향이 생각난다. 특히 어머니가 물씬 생각난다.

눈 오는 아침에 언덕진 길을 걸어 개천을 건너 우물에서 물을 길어 물동이에 이고 오시던 어머니를 생각한다. 나는 일찍 일어나 우물길의 눈을 쓸던 그 날이 많이 그리운 아침이다. 아침 식사 준비를 위해 바쁘시던 어머니는 정원의 장독대에서 간장이나 된장 등을 떠와야 했다. 그때에 나는 장독간으로 가는 길도 쓸었다. 어머니는 또 반찬을 위해 김치를 떠와야 했다. 그래서 나는 김치곽으로 가는 길도 쓸었다. 김치곽이란 땅을 파서 김칫독을 묻고 위에 원뿔 모양으로 수수깡(대)으로 눈을 가리는 삿갓 모양으로 된 움막 같은 것이다.

아울러 안마당과 바깥마당의 눈을 쓸어야 통행이 가능했다. 그래서 눈 오는 아침이면 아주 분주했다. 바깥마당 옆에 소가 눕는 자리에도 눈을 쓸어 주어야 낮에 나와 쉴 수 있었다. 그리고 앞뒤의 먼 산을 바라보면 그저 눈으로 덮여 있어 백색의 세계가 되어버린 것이다.

그러나 이제 내가 사는 서울 아파트에는 그런 것들이 없다. 그리고 어머니도 계시지 않는다. 내가 사는 7층 아파트에서 눈 오는 정원을 내려다볼 뿐이다. 은행나무나 단풍잎들은 떨어진 지 오래고, 7층 높이까지 오르는 소나무 세 그루가 겨울을 푸르게 지키느라 가상하다.

사실 내가 이 아파트에 이사 온 후 큰 기쁨은 7층을 능가하는 큰 소나무들이 많아서이다. 서울 한복판 아파트 단지에 7, 8층을 넘는 소나무 4백여 그루를 볼 수 있다는 것이 얼마나 행복한 일인가? 그래서 나는 자주 소나무를 세며 다니는 즐거운 버릇이 생겼다. 그렇게 큰 낙락장송을 어떻게 아파트까지 싣고 와서 기르는지 참으로 신기하다.

봄이면 송홧가루를 날리는 것도 즐겁고, 가을이면 나무 밑으로 누런 잎을 갈아 떨어트리는 것도 식물로서 신기하게 느끼지 않을 수 없다. 대학에 재직할 때 총장님은 가을이면 교내에 가꾸는 소나무 잎을 털어내라고 직원에게 지시하시는 것을 보았다. 겨울에 눈으로 가지가 찢어지는 해를 방지하기 위한 지혜를 보며 감복한 적도 있었다.

시골에서 자란 나는 뒷동산에 울창한 소나무 숲이 좋았다. 또 포장도 되지 않은 시골길 언덕 위 노송은 항상 생각의 쉼터가 되었고 주변을 둘러볼 여유 공간으로서 다정했다. 울창하고 아름다운 광릉 숲속에서 중고등학교 시절을 보낸 나는 소나무나 잣나무와 같은 노거수 속에서 청소년 시절을 즐겼다.

그런데 오늘 아침에 보니 눈 오는 소나무 밑에 나무 자르는 장비를 갖춘 큰 차가 있어 놀랐다. 이윽고 차는 사람을 밀어 올려 아찔할 정도의 높이까지 올라가서 나뭇가지를 솎아 자르고 잎을 털어주고 있지 않은가? 우리 아파트를 마치 장군처럼 지켜주는 저 수백의 큰 소나무도 건강한 삶을 위해 저처럼 스스로를 단장해야 하는지 몰랐었다.

그 소나무 밑에는 잘린 가지들이 솔방울을 달고 향긋한 냄새를 풍기는데 새해를 위해 머리를 깎은 듯이 바람에 가볍게 흔들리는 모습이 시원해 보인다. 높은 키로 보나, 사시사철 변함없는 푸른색으로 보나 더구나 그의 나이로 보아도 소나무는 우리 아파트의 군자이며 또 사령관이다.

"더우면 꽃 피고 추우면 잎 지거늘, 솔아 너는 어찌하여 눈서리를 모르는 구천에 뿌리 곧은 줄 그로 하여 아노라"고 읊던 윤선도의 〈오우가〉를 생각한다.

한편 소나무를 극히 사랑하던 어느 옛 선비의 고사를 생각한다. 어느 선비 집에 소나무 씨가 날아와 마당에서 자랐다. 이 소나무가 점점 커지면서 집에 영향을 주어도 선비는 내버려 두었다. 결국 소나무를 피해 이사함으로써 사람들의 웃음거리가 되었다고 한다. 그래서 나는 광릉 수목원 세미나에서 발표할 때 이런 사람이야말로 수목원장 자격이 충분하다고 말하여 함께 웃은 적이 있었다. 우리의 저 소나무들이 아파트까지 퍼져 들어오지는 못하겠지만…

눈 오는 아침 백설이 날리는 아파트를 꿋꿋하게 지켜주는 저 늠름한 푸른 소나무의 모습이 믿음직하고, 이 이른 시간에 소나무를 가꿔주는 수목애호의 손길이 참으로 고마운 아침이다.

어머님께 드린 답서

“지금 가면 언제 돌아오니?” 1971년 12월 15일 유학을 위해 서독으로 떠나던 날 어머님께서 내게 물으셨다. “빨리 돌아오도록 노력하겠습니다.” 내가 할 수 있는 가능한 대답이었다. 무녀 독남 외아들로서 학업성취의 확실한 전망을 갖지 못했던 내 처지에서 드릴 수 있는 최선의 대답이었다. 어머님은 더 이상 말씀을 하시지 않았다.

비행기 값을 아낀다고 네덜란드 항공사 전세기인 KLM을 탔는데, 홍콩을 들려 두바이를 거쳐 로마에서 암스텔담으로 돌아가느라 시간이 며칠 걸렸다. 그래도 우물 안 개구리인 내게는 오히려 세계를 보는 좋은 기회가 되었다. 홍콩의 빅토리아 피크에서 영국 식민지를 느끼고, 높은 빌딩 위에 쓰여진 ‘모주석 만세(毛主席萬歲)’를 보며 가슴이 두근거렸다. 반공교육으로 중국과의 관계가 적대적 분위기에 살던 나에게는 참으로 딴 세상임을 실감했다.

안개 낀 날씨 때문에 프랑크푸르트 공항에 도착할 시간에 우리는 아직 로마에 머물렀다. 뒤에 암스텔담에 도착했지만, 안개로 비행기는 프랑크푸르트로 날지 못하고 거기서 잤다. 춥지는 않아도 매섭게 싸늘한 바람이 부는 저녁, 안개 낀 암스텔담 공항에서 날씨보다 더 불확실하고 흐릿한 앞날을 생각하며 고향과 어머니를 그리며 눈물을 흘렸다.

다음날도 프랑크푸르트에는 안개로 날지 못하고 도르트문트 공항에 도착하여 다시 버스로 프랑크푸르트로 향했다. 그러니 그 전날부터 기다리는 아내는 지금 지쳐버렸을 것이라고 생각했지만, 전화를 할 엄두를 못 냈다. 프랑크푸르트에서 서투른 독일어로 혼자 기차를 타고 하이델베르크 역에 도착해서야 뒤따라 온 아내를 만났다.

나의 독일 유학생활은 이렇게 시작되었다. 도착하는 즉시부터 독일어를 배우느라 정신이 없었고, 특히 외국생활에 적응하느라 바빴다. 사실 외국 유학생활은 우선 먹고 사는 것이 제일 중요하고, 그 다음은 말을 배우고 나서야, 공부는 시작되는 것임을 뼈저리게 느끼기 시작했다. 지루하리만치 길고 힘든 만리타향에서의 삶과 공부는 아주 서서히 진행되었다.

유학하는 9년 동안을 되돌아보면 이사를 아홉 번이나 했고, 둘이 모두 석사와 박사학위를 받았으니 다행이었다. 유학 중 하이델베르크에서 한국인을 위해 한인 회장으로 분쟁을 해결도 하고, 한인 교회를 세웠으며, 한글어린이학교를 설립하여 운영했으니 지금의 개념으로 사회봉사를 한 셈이었다. 더구나 가장 보람은 가족이 둘이나 늘었으니, 두 딸 아이가 출생한 것이다.

특히 한국에 혼자 계시던 어머님은 사촌 여동생이 시중을 들어주었다. 내가 석관동에 자리를 잡으면서 고등학교 친구인 홍종진 군과 이기환 동생인 이기윤 군이 이사하여 '고향마을'이 형성되었다. 홀로 계시는 어머니의 여러 편의를 돌보아 주었으니 참으로 평생 두고 고마운 일이었다. 더구나 어머님께서는 1971년 12월 내가 떠난 후, 1972년 여름, 중환으로 경희의료원에서 수술을 받으셨다. 경희대 사학과 교수님들과 친구들, 석관동 주변 분들의 도움이 컸었다. 1977년 여름 내가 석사학위 논문을 제출하고 구술시험을 준비하던 중, 어머님은 다시 중병으로 크게 고생하셨다.

학위를 끝내고 귀국을 준비하면서 참으로 가볍고 기쁜 마음으로 어머님께 편지를 드릴 수 있었다. "내년 2월이면 돌아갈 수 있게 되었습니다. 9년 전 집을 떠날 때, '언제 돌아오느냐? 고 물으셨지만, 확실하게 대답을 못했던 답을 이제야 드리게 되어 죄송하면서 기쁩니다. 그리고 그때 둘이 집을 떠났는데, 지금은 넷이 되어 돌아갑니다."

편지를 쓰고 나서, 떠나던 그날부터 추억의 파노라마를 그려보며 어린아이처럼 두 볼에 흘러내리는 눈물을 몰래 씻었다.

꿀벌과 아버지

최근 꿀벌이 급격히 사라져간다고 한다. 미국과 캐나다 브라질 및 호주와 유럽 등에 이어 우리나라에도 비상이다. 한국 양봉협회에 따르면 전국적으로 약 77억 마리의 꿀벌이 사라졌다는 것이다. 그의 원인은 해충인 '응애'와 기후의 변동 때문이라고 한다. 벌들은 사실 꿀 생산뿐 아니라 사과와 복숭아, 콩, 오이, 호박 등 우리 농산물 3분의 1을 꿀벌 꽃가루받이로 가능하다고 한다. 엄청난 식량대란이 예고되어 인류의 미래가 암울하다.

우리 생활의 과학화와 발전에 따른 후유증이 전자파와 살충제 및 기후의 변화이다. 이는 자연환경의 원인이 크다고 한다. 과학자 아인슈타인이, "꿀벌이 사라지면 4년 안에 인류도 멸망한다"고 했다니 그의 천재성을 다시 한번 감탄하지 않을 수 없다. 꿀벌이 사라지면 식물은 꽃가루를 잃지만 인류는 식물의 수확을 잃게 되는 것이다.

농촌에서 출생하여 자란 나는 봄부터 가을까지 각종 꽃들로 날아와 반드시 꽃가루를 묻혀가는 꿀벌들을 항상 보면서 자랐다. 특히 아카시아 꽃이나 밤나무 꽃을 비롯하여 가을의 국화와 메밀꽃 등에서 나는 꽃냄새와 수없이 날아드는 벌떼들은 자연과 계절의 향기이며 향수 짙은 추억이었다. 그래서 벌들도 우리의 자연 속에서 함께 사는 상생(相生) 생명체로서 생각해 왔다.

이러한 기사들을 읽으면서 나는 72년 전 여름의 고향을 생각하며 비명에 가신 아버님을 생각한다. 6·25전쟁이 일어난 1950년, 나는 고향인 포천에서 초등학교를 졸업하고 서울 용산중학교에 입학했다. 그러나 전쟁으로 학교는 중단되어 고향에 돌아왔는데, 집에는 전에 없던 벌통이 새로 놓였다. 나무로 만든 벌통 안에 수천 마리의 벌들이 꽃가루를 묻혀 수시로 부지런히 날아드는 모습을 보면서 너무 신기하고 행복했다. 내가 서울 중학교에 입학을 하자 집안에 좋은 일이라고 모두 기뻐했다.

이 벌통이 집에 생긴 연유도 매우 흥미로웠다. 우리 집 논에서 모를 내는데 옆의 나무에 수천 마리의 꿀벌 떼가 날아와서 앉았다는 것이다. 이에 아버님은 안양절이라는 산속 마을의 꿀벌 기르는 김 씨 댁에서 벌통을 얻어다 이 꿀벌을 넣어 집으로 갖다 놓은 것이라고 한다.

고향이 이미 북한의 수중에 들어가긴 했지만, 여름동안 열심히 드나드는 꿀벌을 보면서 연말에 꿀을 맛볼 수 있다는 희망으로 흥분되기도 했다. 그러나 참으로 의외의 사태가 벌어졌다. 아침이면 벌통 앞에서 죽은 여러 마리의 꿀벌들이 발견되기 시작했다. 그래서 밤에 지켜보았는데, 날개가 크고 박쥐같은 날짐승이 와서 벌통을 침입하여 이와 싸우다 벌들이 죽는 것이었다.

우리는 전깃불도 없는 시골이어서 밤에 횃불을 들고 이 박쥐를 막아보았지만 밤을 새울 수도 없어 역부족이었다. 이러한 싸움이 있은 며칠 후 여왕벌을 중심한 벌들이 갑자기 벌통을 나와 어디로 날아갔다. 아버님은 열심히 따라가 다시 잡아와서 며칠은 지났지만 집요한 박쥐의 공격은 그치지 않았다. 결국 며칠 후 꿀벌들은 다시 어디론가 아주 날아가 버리고 더 이상 잡을 수도 없었다. 이렇게 해서 꿀벌과의 만남과 동거는 5개월 만에 끝나고 말았다.

비록 전쟁 중이었지만, 좋은 징조라고 기뻐하시던 할머니와 아버님 등 가족은 빈 벌통을 바라보면서 실망이 컸다. 그 후에는 다시 집에서 벌통을 볼 기회가 없었다. 그해 가을 9·28 수복으로 북한의 치하를 벗어났지만, 추운 겨울 1951년 1월 4일 중공군 대공세로 우리 고향은 다시 북한 치하가 되었다. 그리고 3월 말, 유엔군의 진격이 있었으나, 곧바로 다시 후퇴하는 혼란기에 아버님은 총상으로 세상을 떠나셨다.

우리 고향 부락은 매년 음력 8월 초하루에 마을 사람들이 모여 소대가리를 바치며 지내던 산제(山祭)를 그 해에는 전쟁으로 못했는데, 할머님은 그래서 아버님이 돌아가셨다고 애통해하셨다. 이미 전쟁 중이었지만, 그처럼 꿀벌을 집에서 기르던 행운이 사라진 우리 집에 불행이 닥친 것이라고 나는 생각하기도 했다. 나도 전쟁으로 불과 3주일 다닌 서울에 있는 중학교를 더 이상 계속하지 못하고 말았으니 우리 집의 불행은 몇 겹으로 온 것이었다.

그리고 나로서는 벌써 72년 전, 불과 5개월 동안 집에 놓았던 벌통을 생각한다. 매사에 매우 적극적이셨던 아버님의 희망과 꿈은 그렇게 허무하게 사라졌다. 물론 그러한 아버님께서도 떠나셨으니 한없이 비통한 마음이다. 박쥐의 침입으로 날아가 버린 꿀벌들에 이어 떠나신 아버님을 다시 뵙지 못한 천추의 한을 다시 생각한다.

오늘 5월 20일, 유엔이 지정한 '세계 벌의 날'에 아버님이 더욱 그리워진다.

돌 보기를 황금과 같이 하라

《한니발 전》으로 고대 서양을 만나다

중학교 2학년이던 나는 집만 나서면 낯선 외국 군대들을 도처에서 만나던 38선 근처 전쟁터에서 살았다. 무더운 어느 여름날, 5일에 한 번 열리는 시골 장날, 땅바닥에 놓고 파는 몇 권의 책 가운데, 말 달리며 싸우는 한 장군의 모습에 매혹되었다. 소설책 같은 2백 페이지쯤 되는 책이었다. 그것이 바로 《한니발 전》이었다. 너무 재미있어 자꾸 읽었다. 내가 초등학교 3학년부터 읽은 《조선사화집》에서 한국사를 만났다면, 이 책에서 고대 서양의 그리스와 로마의 지중해 세계를 만났다. 세계 역사상 가장 위대한 영웅의 하나인 한니발 장군에 대한 책이었다.

오늘의 아프리카 북방 지중해 연안의 튀니지엔과 로마 등 지중해 세계에 대해 거의 모르면서 지도를 찾아가며 읽었다. 전쟁으로 비관하던 나는 이 책으로 시작해서 《플루타르크 영웅전》에 매료되어 시련을 극복하는 상당한 정신적 지주가 되기도 하였다. 《한니발 전》의 그때 감동은 지금도 생생한 전율을 느끼게 한다.

이탈리아의 시칠리아섬 바로 남쪽 아프리카 북쪽 해안의 강대한 해양국가인 페니키아 식민지 카르타고의 명장 한니발(247-183 B.C.)에 관한 이야기이다. 그는 어려서 스페인과 시칠리아를 둘러싼 분쟁에서 조국을 위협하는 로마를 치겠다고 맹세한다. 성장하면서 장병을 훈련하여 누미디아의 코끼리 떼를 몰아 알프스를 넘는 이야기는 참으로 놀랍고 영웅적이었다. 5만 군대와 9천 기병, 37마리 전쟁 코끼리가 군세였다.

역사상 로마의 지중해 패권이 가능해진 3차례 포에니전쟁 중, '제2의 포에니전쟁(218-201 B. C.)'이 시작되었다. 역사상 최초로 군대를 끌고 알프스를 넘은 장군이었다. 5만의 장병과 알프스를 넘는 필사의 작전에서 한 눈을 잃었다. 이를 안타깝게 생각하는 한 부하에게 "괜찮다. 염려하지 말라, 감은 눈으로는 작전을 구상할 것이고, 뜬 눈으로는 적을 바라볼 것이다"고 의연하게 대답하여 군의 사기를 북돋았다. 그 후 그는 이탈리아 반도 싸움에서 패한 적이 없었다. 특히 기원전 216년 칸-네 전쟁에서는 로마의 통령 파울루스의 8만 6천 중, 5만군을 격멸하여 로마 역사상 최대의 패배를 안기기도 하였다.

그러나 로마 땅에서 한니발은 계속 승리하였지만, 정치를 잘하는 로마를 멸망시키지 못하면서 전쟁터에서 늙어가고 있었다. 정복에 조급한 한니발에 비해 로마의 파비우스는 유화정책으로 시간을 끌어 한니발을 지치게 했다. 마치 3세기 조급한 촉한의 제갈량이 느긋한 위의 사마의와 대결하는 〈삼국지〉 중 오장원(五丈原) 싸움과 흡사했다. 더구나 본국 카르타고가 로마의 소년 장군 스키피오에게 굴복하여 항복하니 조국을 구하기 위해 그는 로마를 떠나 본국으로 돌아와야 했다. 그의 나이 이미 40을 넘었고, 머리털이 희어졌다. 로마 정복자에서 조국의 패망을 구하기 위한 죽음과 절망의 전쟁터로 되돌아온 것이다. 한니발은 인간의 운명을 이야기하며 스키피오에게 휴전을 애원했지만, 냉정하게 거절당하고 희망 없는 자마전쟁에서 패하였다. 그 후 카르타고 왕국은 정복자인 로마인들에 의해 거의 모두 파괴되었다.

동방의 해상왕국 페니키아 식민지였던 카르타고는 당시 지중해 해상권을 장악하여 스페인과 시칠리아는 물론 로마 공화국을 압박하였다. 로마가 이 긴 싸움에서 승리함으로써 지중해 세계의 왕자로서 로마제국을 건설하는데 성공하였으니, 세계사적으로 매우 중요한 역사적 전쟁이었다.

이 책의 에필로그는 특히 흥미롭다. 정치에 실각하고 오리엔트(중동) 여행 중, 한니발은 스키피오를 만났다. 물론 스키피오도 이미 은퇴한 후이었다.

"참으로 반갑네, 스키피오 군!"

"장군님 오랜만입니다."

지난 일은 다 잊고 두 영웅들은 지난 전쟁터에서 싸움을 회상하며 이야기를 주고받았다. 스키피오가 먼저 입을 열었다.

"장군께서는 누가 세계의 최고 영웅이라고 생각하십니까?"

"그야 마케도니아의 알렉산더 대왕이 아니겠는가?"

한니발은 대답한다. 스키피오는 다시 묻는다.

"그러면 다음은 누구이겠습니까?"

"페르시아의 키루스 대제쯤 되겠지!"

"세 번째는 누가 되겠습니까?"

스키피오는 다시 재촉하여 묻는다.

"그 세 번째는 내가 아니겠는가?"

자만하는 한니발의 대답에 놀라며 항의조로 스키피오는 다시 물었다.

"하지만 장군은 나에게 패하지 않았습니까? 그런데 어떻게 3위라는 것입니까?"

그러나 한니발은 자신 있게 이를 반박한다.

"내가 자네에게 졌으니까 3위이지 자네를 이겼다면, 키루스 대제 이상, 알렉산더 대왕 이상으로 세계 제일의 영웅이 되었을 것이네. 허허!"

당당하고 자신만만한 자기 평가이었다. 천하의 명문(名文) 중에도 수사(修辭)의 묘미를 기막히고 예리하게 보여주는 저자의 비유와 능력이 넘치는 글이다.

이 책에서 페르시아와 그리스의 충돌을 거쳐 동양과 서양의 대결과 투쟁, 즉 페니키아와 연결된 카르타고와 로마의 결전인 포에니전쟁으로 서양의 고대사를 나는 어렴풋하게 이해하기 시작했다.

그리고 이 책으로부터 《플루타르크 영웅전》의 인물평이나 영웅들 간의 특성 비교는 얼마나 멋있는가? 그러한 호쾌하고 예리한 내용에 나는 매료되어 시간을 잊고 읽었고, 나의 젊은 피를 끓게 했다. 그리고 그 먼 곳에서 일어난 먼 옛날의 영웅담들은 비관적이던 어린 나에게 위안과 힘과 꿈 그리고 용기와 희망을 주었던 것이다.

그리고 이 저서가 내게 수사학(修辭學)에 관해 큰 관심과 흥미를 갖게 해 준 것을 안 것은 학문과 문학을 하기 시작한 훨씬 뒤이었다.

원고지의 높이

긴 터널을 빠져나왔다. 유학을 시작하면서 1972년 하이델베르크 대학에서부터 들어 온 33년이란 내 학문의 긴 시간을 통과한 터널이었다. 어렵게 정한 박사학위 주제에 대해 하나의 작은 매듭을 지은 것이다. 33년 동안 한 번도 지루하거나 귀찮지는 않았다. 좀 더 잘하고 싶고 부족함을 느껴서 생각하며 고치고 다시 쓰는 반복의 역사였다.

그래서 석사학위와 박사학위 논문의 한국어 번역을 미룬 채, 계속해서 논문과 에세이를 썼다. 강의를 하고 학회에서 발표하고 잡문도 썼다. 그리고 많이 고민했다. 그럭저럭 그것들이 14편의 논문과 13편의 에세이로 쌓였다. 이들을 하나로 묶을 수 있는 방법을 생각하던 고심의 결과가 금년 1월 10일 《공자의 천하, 중국을 뒤흔든 자유인 이탁오(李卓吾)》로 출간되었다.

가장 큰 고민은 그를 어떠한 인간상으로 불러야 할까 매우 망설였다. 그가 살았던 16세기부터 오늘날까지 모든 평가들을 불러내 세워보았다. 봉건시대와 오늘날 민주시대에도 맞는 인물의 이미지를 모두 포함하는 그러한 규정을 찾아 헤매었다. 더구나 그에 대한 최고의 찬양과 함께 그를 이단으로 비판 정죄(定罪)하는 극단적 평가를 모두 포괄하는 단어를 오래 동안 찾았다. 그리고 나는 '자유인(自由人)'으로 결론했다. 전통에 대한 반대이건, 유교와 공자를 비판하건 이 모두의 사상을 선도하는 것은 그의 자유의지였다. 당시 그가 이를 동심(童心)이나 양지(良知)라 부른 것은 오늘날의 개념으로 자유였다. 그래서 자유인으로 규정했다.

어려운 철학과 복잡한 역사 사상을 어떻게 쉽게 우리 독자에게 다가올 수 있게 할 것인가? 그것이 가장 큰 어려움이었다. 중요한 해답의 하나는 그래픽이었다. 사실 이탁오의 사진이 있을 리 없고, 오직 초상 하나 뿐이었다. 그러나 그가 태어난 천주(泉州)항이나 북경의 묘역 등, 그에 관계될 수 있는 사진 및 삽화들을 30여 년간 모았다. 이 사진들은 이번 저작에 커다란 도움이 되었다. 중국 뿐 아니라 세계 어느 곳에서 시도하지 못한 최초 작업이었다. 그래서 나는 150여 장 사진 및 삽화 등에 만족한다.

작년 3월 18일에 원고를 넘겨 준 후, 8개월 동안 교정하느라 출판사 강 선생도 나도 지쳐 있었다. 그리고 나는 항상 무슨 새로운 잘못이나 지적이 나올까 불안했었다. 지식산업사에서 책을 받는 순간 나는 첫 아이의 얼굴을 보는 것처럼 정신이 없었다. "처음 나온 아이를 보면서 눈과 코 및 팔 다리가 제대로 있는지를 궁금해 했습니다. 그렇지만 대견했습니다. 정년을 넘기고 70이 가까워오면서 책 한 권 쓴 것이 뭐 그리 대단하다고 흥분하는지를 다른 사람은 이해하기 쉽지 않을 것입니다. 그러나 내게는 '학문의 인생에서 실로 책 한 권 썼다'고 말하겠습니다. 평가는 읽는 분들에게 맡깁니다." 출판기념회에서 나는 무의식중에 이렇게 말했다.

오늘 나는 여러 해 동안 어지러워진 책들을 정리한다. 손때 묻고 해지기도 한, 헌 책들을 보면서 그동안의 따뜻한 정을 느끼고 있다. 전쟁터에서 승리했지만 지쳐있는 군마(軍馬)를 보는 듯해서 오히려 정(情)이 물씬 풍긴다. 그래서 원고 더미를 만져보고 쓰다듬어 준다. 황량한 들판의 전쟁터를 배회하듯이 이 책들을 물끄러미 바라본다. 그래도 이긴 전쟁이니 마음이 흐뭇하고 가볍다고나 할까!

특히 나의 눈길을 사로잡는 것은 서가의 여기 저기 처박혀 있는 원고뭉치였다. 수없이 쓰고 고쳤던 원고들을 모으기 시작했다. 쓰다가 마음에 들지 않으면 다시 고쳐서 뽑아 보았다. 더구나 책의 방향과 내용의 전개가 크게 바뀌면 모두 다시 써야 했다. 전에 썼던 여러 논문에서 가져오면서 또 고쳐야 했다. 이렇게 해서 그야말로 원고는 만신창이가 되었다. "종이와의 힘겨운 싸움(Paper War)"이라고 부르던 독일 지도교수의 표현 그대로이다.

덜 필요한 책들과 함께 모아서 버릴 생각이었다. 원고와 여러 차례 가본(假本)들을 모아보니 상당한 분량이었다. 벽에 기대어 두 줄로 쌓아보니 상당한 높이가 된다. 그래서 사진을 찍었다. 그리고 양편으로 쌓은 가운데에 앉아 사진을 찍으니 내 옆으로 거의 내 키만큼 올라온다. 내 앉은 키만큼 양측으로 올라오니 합쳐서 정확하게 내 키와 비슷한 1m 60cm쯤 된다. 그래서 그 위에다 내 책을 올려놓고 다시 사진을 찍었다.

이 원고들을 도저히 버릴 수가 없다는 보관 벽(保管癖)이 다시 도졌다. 그래서 버리기를 포기했다. 그 한 장 한 장에 얽히고 묻은 정성과 땀을 어떻게 버릴 수 있단 말인가? 나는 물끄러미 원고 더미를 보고 섰다. 보는 것만으로도 매우 행복하다. 서투른 컴퓨터 실력과 싸우면서 모두 집어던져 버리고 싶던 날들을 되돌아본다. 전화로 수없이 물을 때마다 항상 친절하고 자세하게 가르쳐주던 대학원의 착한 학생을 생각한다.

마치 출근하듯이 아침 10시 전에 와서 저녁 11시까지도 머물던 나의 지난 3년을 회상하면서 눈물이 맺힌다. "정년 후에는 편안하고 좀 다르게 사세요!"라고 안타까워하던 큰딸 동미를 생각한다. 훌륭한 연구실을 만들어주고 아무 말 없이 지켜보던 아내에게 더 없는 감사를 전한다. 차를 마시려고 포트에 물을 끓여 놓고 일이 끝날 때까지 잊고 만 적이 여러 번이었다. 따뜻한 차를 따라 옆에 놓고 일 마칠 때까지 마시기를 잊기가 일쑤였다.

내 학문의 열매가 크고 작고의 문제가 아니었다. 하고 싶은 강렬한 욕망이었고 집념이었고 열정이었다. 무지개처럼 푸른 꿈을 안고 미지의 세계에서 길고 지루한 학문과 씨름하던 지난 날들을 되돌아본다. 만나는 사람들에게 연구의 주제를 열정적으로 설명하려던 우둔한 집념의 그날을 생각한다. "미치광이를 연구했다"든가, "정신분열자가 아니었나?"라는 원로 교수님들의 논평도 회상한다.

책이 출간되자, 가장 잘 알려진 일간지 〈동아일보〉는, "60대 후반의 원로 교수가 30여 년 간 학문적 열정을 기울인 '이탁오(李卓吾)' 란 인물에 대한 집념의 역작"이라고 평하였다. 이 신문에 함께 실린 사진을 보면서 나는 새삼스럽게 이미 나이 70의 문턱에 서 있는 자신을 발견한다. 그리고 오늘 바로 이 앞에 놓인 원고 더미의 키만큼 내 학문의 나이(年輪)도 쌓여 왔다고 생각하면서 그저 감개무량해질 뿐이다.

소가 웃는다

시골에서 태어나 자란 나는 소와 함께 살았다. 어려서부터 매일 집안에 있는 큰 소를 보았으며 시골을 떠나던 30대까지도 집에서는 소를 길렀다. 그래서 나는 소와 오랫동안 친숙했다. 코를 뚫어 굴레를 하고 고삐를 매 끌고 다니기를 자주 했다. 그래서 지금도 "가자"는 말로 "이려 이려!"나 서라는 말로 "워 워!" 하는 말이 익숙하다.

집의 한구석에는 마구간(또는 외양간)이 있었는데 소는 여기서 자고 먹었다. 소는 그 당시 날풀이나 삶은 풀을 먹었으며 가장 좋아하는 뜨물에 콩을 먹이기도 했다. 우차(또는 마차)를 끄는 일, 특히 여름이면 논밭에 나가서 연장을 끌어 농사일을 하는 것이었다. 소는 생김새부터가 아주 크고 힘이 세며 믿음직스러웠다. 또 풀과 같은 거친 것을 먹으니 그 분량이 매우 많았다. 그래서 사랑방의 솥은 솥이 아니라 큰 가마였다.

그리고 낮에 일이 없는 날에는 소를 끌어 집 앞 말뚝에 매어 두거나 또는 멀리 풀밭이 있는 곳으로 끌고 가 매 두었다. 그러나 혹 비가 쏟아지는데 사람이 없으면 소는 그냥 우두커니 먼 산을 바라보며 그 큰 눈만 껌뻑거리고 있을 뿐이었다. 특히 파리나 모기가 심하게 덤벼 살을 뜯었고 등애라는 큰 파리 같은 놈이 피를 빨아 상처를 내도, 소는 그저 긴 꼬리로 휘두를 것 이외에는 이들을 막을 방법이 없었다. 밤이면 먹은 음식을 새김질하느라 분주했으니, 소야말로 그의 생각을 가장 잘 반성하는 동물이었다.

우리 근대 문학의 대선구자인 춘원 이광수(李光洙, 1892-1950)는 소를 유난히 좋아하며 많은 글을 남겼다. "힘있고 장하고도, 인자하고도 위엄있고, 점잖고도 겸손하고, 욕심없고 부지런하다!"라고 찬양하였다. 소의 덕을 칭찬한다는 〈우덕송(牛德頌)〉에서는 "덕성스럽고 복스러워, 먹은 뒤의 새김질은 성인이 천하를 근심하는 듯하고, 아이에 이끌리어 가는 곳은 예수께서 십자가를 지고 가시는 것 같고, '으앙' 하는 큰 소리를 지르는 것은 영웅의 천하에 대노하는 것 같고, 무거운 멍에를 지고 밭 가는 것은 애국자나 종교인 같고, 구부리고 자는 것은 천하를 다스리다 피곤해 자는 듯하다"했다. 이어서 결론적으로, "소는 동물 중에 인도주의자다. 동물 중에 부처요 성자(聖者)다. 아리스토텔레스의 말마따나 만물이 점점 더 고등하게 진화되어 소가 된 것이니, 소 위에 사람이 있는지는 모르거니와 아마 소는 사람이 동물성을 잃어버리고 신성(神聖)에 달하기 위하여 가장 본 받을 선생이다"라고 격찬하였다.

드문드문 걸어도 황소걸음이란 말은 느리게 걸어도 천리 간다는 우보천리(牛步千里)로서 꾸준함을 말한다. 아무리 급한 변화의 세상이라도 꾸준하게 노력하는 삶의 길을 말해주는 교훈이다. 체구도 크지만 우직하고 근면함은 물론 인내하는 모습도 우리가 배울 점이다. 한편 먹은 것을 되씹는 새김질은 우리가 살면서 과거를 되돌아보는 반성과 반추(反芻)의 여유로운 미래 설계의 교훈으로도 자주 인용된다.

그런데 우리 사회에서는 미국의 소고기 협상을 둘러싸고 분개한 시민들의 반정부적 울분들과 합쳐져 일어난 광우병 파동이 있었다. 일종의 특유한 시민운동이다. 그런데 그것은 소를 대상으로 하기보다는 촛불을 들고 나왔다는 점이 매우 특이하다. '미친 소'라든지 '미친 정부' 등의 구호였지 소에 대한 공격이나 소를 칭찬하는 이야기들은 물론 아니다.

그러므로 이 소에 대한 시위, 말하자면 '솟불(소의 불)' 또는 '쇠불(소의 불)'이어야 하겠지마는 다른 이름으로 촛불의 시위가 되고 있었다. 그러니 소의 입장에서 보면 참으로 어처구니가 없을 것이다. 소 때문에 온통 한 나라가 떠들면서도 막상 소에 대해서 이야기하는 것은 별로 없었기 때문이다. 기껏해야 30개월 이전의 소고기만 수입하느냐, 안 하느냐 또는 소고기에 대한 검역의 주권을 제대로 갖느냐, 갖지 않느냐 하는 것만 논란의 대상이 되고 있었다. 이 점에서 인간에게 항상 봉사하며 공헌하고 그의 모두를 바치고 있는 소의 입장에서 보면 참으로 억울하고 또 허탈하기 이를 데 없을 것이다.

소의 문제를 가지고 시위나 어떤 요구를 한다면 소에게도 '생존권'이 있으니 좀 적게 잡는다든가, 또는 소가 사는 데도 '환경을 개선해 주는 정책'이라든가 하는 문제에 대해서는 전혀 언급이 없으니 말이다. 그래서 소들이야말로 아마도 그 육중한 몸에 하늘로 치뻗힌 두 개의 뿔과 함께 먼 산을 쳐다보며 먹은 음식을 되새기면서, "허 그것 참, 멍청한 사람들 같으니라고!" 하며 어처구니없다는 듯이 허탈하게 쓴웃음을 지을지도 모른다. 온 나라에서 벌어지는 미련한 사람들의 소동을 보면서 그저 "소가 웃는다. 너무 허탈해서 소가 웃는다"는 생각이 든다.

2020년 우리의 인류는 코로나19란 병란의 대재앙으로 역사상 유례없는 문명의 위기에 직면하였다. 우리가 살고 있는 지구의 자연을 오염훼손시킨 징벌이라고도 한다. 일찍이 중국 사상가 노자(老子)의 무위

자연이란 지혜나, 대도시의 인구집중이나 인구감소를 들어서 구 문명의 몰락을 경고한 독일 문명비평가 오스발트 슈펭글러(1880-1936)를 다시 생각하게 되는 시대이다.

훼손된 자연을 되살리고 외형과 양적인 발전보다 질적 향상을 시급하게 추구해야 할 문명의 위기에 우리는 처해 있다. 되새김질하듯 반성하고 미래를 설계하는 지혜와 우보천리의 지혜도 배워야 할 것이다.

코로나 발병 이래 전 인류가 기다려 온 치료제 백신(vaccine)이란 단어가 라틴어의 암소인 '바카(vacca)'에서 유래했다고 하니, 소는 농경사회의 등잔불 세대 뿐 아니라, 오늘날 고도로 발전된 디지털 시대에도 우리에게 아직도 유익한 이름이 되고 있다고 하겠다.

비주류(非主流)로 사는 여유

모든 사람은 주류가 되고 싶어한다. 나도 마찬가지이다. 그러나 이미 80고개를 넘은 나의 삶을 돌이켜보면 주류보다는 훨씬 비주류로 살았다는 생각이다. 나는 술을 잘 못 마신다. 그래서 술 잘 마시는 친구들에게 비주류로 주도(酒道)를 모른다고 구박을 자주 받았다.

고향 내촌면은 포천의 가장 동남쪽 변두리로 생활권이 남양주에 가까워서 포천에서 서자 취급을 받는다. 중·고등학교도 남양주에서 보냈다. 그래서 포천이나 남양주에서 모두 비주류로 차별을 받는다.

태어난 마을은 엄현리(奄峴里)인데 거의 음현리로 읽는다. 우리 마을의 둔터는 한자로 둔기(屯基)이니, "주둔한 터"라는 뜻이다. '둔'은 주둔으로 읽지만 '터'는 한자의 발음이 아닌 우리말의 뜻으로 읽으니 마치 이두문자(吏讀文字)를 써서 발음조차 다르게 읽는다.

초등학교 3학년 때, 우연히 집에서 발견한 한국 역사 이야기책인 《조선사화집(朝鮮史話集)》에 매료되어 역사를 평생 전공으로 하게 되었으니, 이 역시 학교 정규과목이 아닌 비주류 자기학습이었다.

초등학교 졸업 후, 입학한 서울 용산중학교를 전쟁으로 중퇴하고 광릉 숲속의 광동중학교에 입학했는데, 남양주 진접면에 소재한 학교이어서 우리 내촌 학생들은 수적으로 비주류이었다. 그래도 반장으로 선출되어 80세에 이르는 평생 동안 학교와 관계된 봉사를 하고 있으니 비주류의 보상일까?

더구나 전쟁 중 시장 바닥에서 산 《플루타르크 영웅전》에 심취되어 수사학과 유럽의 지중해 문명에 관심을 갖기 시작했으니, 그 또한 학교 과목이 아닌 비주류 학습의 취미이었다. 그래도 후일 유럽으로 유학해서 그 문화를 호흡하는데 도움이 되었으니 그 역시 참으로 다행이었다.

산림고등학교에서는 임업에 전념하여야 주류인데, 전혀 거리가 먼 인문학 역사에 관심을 갖고 평생 직업으로 했으니 그 또한 하나의 비주류적 외도이었다.

고등학교 졸업 후, 3년 만에 군대에서 제대하여 대학에 입학했는데, 신흥의 사립대학이었으니, 전형적 계층사회인 한국의 시각에서 주류의 대학은 아니었다. 더구나 의학이나 사회분야의 법학, 경제학이나 문과의 영문학에 비해 사학은 역시 비주류 학문이었다.

대학에 입학하여 전공 수업이나 학과에 관계없이 유럽경제공동체(EEC) 내지 유럽공동체에 1년간 큰 관심을 갖고 발표도 하고 대학 교지에 글도 한 편 남겼다. 정치사와 외교사 및 경제사와 문예사조사 등 학점을 취득하였으니 이야말로 비주류적 학습이 아닐 수 없었다.

다음 해에도 학과 수업과 관계없는 막스 베버의 유명한 저서, 《프로테스탄테스 윤리와 자본주의 정신(Die Protestantische Ethik und der Geist des Kapitalismus)》에 심취하여 1년간 도서관 서평대회 발표와 몇 차례 중요한 시험에 출제되는 행운을 얻었다. 아울러 이 글 역시 경희대 《문리학총》에 남길 수 있었으니 참으로 다행이었지만 역시 비주류의 극치이었다고 하겠다.

대학을 졸업하고 교사생활 중, 뒤늦은 유학을 독일로 떠나서 그곳에서 중국 사상사를 전공하게 되었으니 그 역시 비주류 학문이었다. 그런데 놀랍게도 대학에서 두 개의 비주류적 주제인 유럽공동체-유럽연합이나 막스 베버의 학문이 이제 비주류로서 주류처럼 되는 묘한 행운을 얻기도 했다.

그러나 나의 비주류적 역정은 거기에서 끝나지 않았다. 중국 사상사 주류는 말할 필요도 없이 공자와 맹자 및 주자의 유학이다. 그러나 나는 중국 역사상 가장 강력하게 유학을 비판한 이탁오(李卓吾, 1527-1602)를 평생의 연구주제로 택했으니 이보다 더 큰 비주류가 어디 있겠는가?

우리 고향 포천의 기호학파는 조선 성리학의 주류에 속하는데, 나는 성리학을 비판하는 양명학의 극단적 사상가를 연구하고 있으니 그 또한 비주류이다. 하지만 루터나 칼빙이 가톨릭을 공격했어도 이는 크리스트교의 부정이 아니라 진정한 신앙을 강조한 것이니, 간단하게 주류와 비주류를 논할 수는 없을 것이다. 그래서 어느 중국 학생이, "선생님이 반 유교의 이탁오가 아닌 다른 주제를 연구했다면, 그 정력과 노력으로 훨씬 대성했을 것입니다"라고 해서 함께 웃었다. 대성이 중요하겠는가! 하고 싶은 것을 하는 것이 행복했을 뿐인 것을!

대학교 교무처장으로 눈코 뜰 사이 없이 바쁘던 1992년, 나는《한국수필》로서 문단에 등단했다. 그리고 지금까지 글을 쓰고 있다. 문학을 전공하지 않았으니, 나는 역사 문단의 비주류이다. 그래도 서정범 교수가 주관하던 종합문예지《문예비전》발행인으로 126호까지 아직 계속하니 이 또한 나의 비주류 생애에 한 페이지를 더한 것이다.

재직 중 의외로 문교부 산하 국사편찬위원으로 위촉되어 두 임기인 6년을 봉사했다. 이것은 사학자로서 상당히 명예로운 일인데, 사실 나는 국사학자가 아니었으니 이 또한 비주류이었다. 14명의 위원 중 비국사학자 중 한 명의 동양사 학자인 셈이었다.

지금 허 균에 큰 관심을 갖는데, 이 역시 비주류이다. 그래서 내 비주류는 언제까지 계속될지 아직 모른다. 다만 확실한 것은 나의 비주류적 환경과 각성이 뒤늦은 추구와 노력으로 그나마 이만큼의 성취도 가능했으리라 자위하기도 한다. 그래서 어떠한 비주류가 앞으로 내 삶을 보다 보람 있고 뜻 있게 해 줄지를 아직도 조심스럽게 기다리고 있다.

영화 《오발탄》과 소설 《25시》

2017년 말, 월간 《한국수필》로부터 감동적이었던 영화나 소설 등 작품에 대한 청탁이 있었다. 그때 내가 생각했던 두 편의 작품이 바로 영화 《오발탄(誤發彈)》과 소설 《25시》이었다. 이 두 작품이 모두 한국전쟁과 제2차 세계대전에 관계된 것이어서 6·25를 체험한 세대인 나에게는 더욱 인상 깊고 감동적이었다.

한국전쟁 후유증으로 국민소득 100불도 안 되던 1960년 초 비참한 시대에 나는 대학생활을 시작했다. 6·25전쟁 중 중학교 1학년 때였는데 잘못 쏜 터키군 총탄으로 아버님을 잃었다. 군대 생활을 마치고 뒤늦게 시작한 대학에서 어려운 세상과 캄캄함 미래를 불안하게 생각하던 때 이 영화를 보았다. 우리가 처한 그 시대의 아픔을 통감하며 아주 강렬한 인상을 받아 평생 잊을 수 없는 영화이었다.

가난한 월급쟁이 계리사인 철호(김진규)는 정신착란증으로 고향인 북한으로 "가자 가자" 만 외치는 어머니(노재신)를 모시고 산다. 아내 문정숙은 만삭으로 가난에 쪼들려 산다. 동생 영호(최무룡)는 부상한 상이군인으로 울분 속에서 산다. 여동생 서애자는 밤이면 양공주가 되고 막내아들은 신문팔이 소년이다. 철호는 치통으로 고생하면서도 돈이 없어 병원에 가지 못하는데, 동생 영호는 바닥이 다 해진 형의 구두를 보며 형의 무능을 미워하여 몰래 권총을 마련하여 은행을 털 결심을 한다.

아내는 출산이 가까워 병원에 갔으나 난산으로 세상을 떠나고 은행 강도인 동생 영호는 실패하여 검거된다. 하지만 치통을 견디지 못한 철호는 아이의 고무신을 사고 양공주인 동생의 돈으로 치과에 가서 의사의 위험 경고에도 불구하고 한꺼번에 두 개의 사랑니를 뽑는다.

이를 뽑은 후 피를 흘리면서 마셔서는 안 될 술을 잔뜩 마시고 택시를 탄다. 그러나 그는 갈길을 잃는다. 출구가 안 보이는 이 절망적인 상황에서 그는 할 일을 알지 못한다. 기사의 목적지 질문에 횡설수설하면서 여러 차례 목적지를 바꾼다. 보다 못한 택시 기사가 한심해서, "어디서 오발탄 같은 놈이 탔어!"라는 역설에 철호도 맞장구를 친다.

"내가 지금 어디로 가는가? 나야말로 전쟁 중에 잘못 발사된 오발탄 같구나!"

이범선 원작으로 나소운, 이중기가 각색하고 유현목이 감독한 1961년 대한영화사 문제작이다. 1960년 제작하여 1961년 개봉하였으나, 5·16으로 개봉 금지되었다가 63년 재개봉되었고 샌프란시스코 영화제에 출품도 되었었다.

금년에 국민소득 3만 불이 된다고 한다. 그때에 비해 300배로 늘었으니 놀라운 일이다. 소득 증대도 당연히 놀랍지만, 우리 생활이 300배 좋아졌는지 의아하게 생각해 본다.

다른 하나는 루마니아 작가 게오르규(1916-1992)의 소설 《25시》이었다. 나는 동서양의 여러 박물관을 찾아보고 대학 박물관장 업무를 맡은 적도 있지만, 미술 전시회에서 그림을 관람할 때는 참으로 무지를 느끼지 않을 수 없다. 인물이나 풍경을 그린 것이라면 그래도 괜찮지만, 추상화를 볼 때면 전혀 이해할 수 없기 때문이다. 그런데 소설 《25시》를 읽으면서 피카소의 그림 즉 추상화의 사상적이고 예술적인 구조에 대해 이해한 것은 참으로 의외의 소득이며 해학적이다.

키 큰 지식인 트로인안 고르카와 키 작은 인물이 극한 상황에서 하는 대화가 아주 인상적이었다. 2차 대전 후, 소련군이 진주하여 피난민을 트럭에 태우는데 탈 수 있는 인원의 한도를 크게 넘는다. 때리면서 한쪽으로 몰아 몇 배를 태우니 난민들은 비명을 지르고 숨도 제대로 못 쉴 정도가 된다.

이때 키 큰 주인공은 몸은 못 움직여도 머리는 위에 있는데, 키 작은 주인공은 머리마저 사람 속에 파묻혀 아무것도 보이지 않았다. 이때 머리만 나온 키 큰 주인공이, "지금 나는 몸을 움직이지 못해 남은 것은 오직 머리 뿐인데, 너에게 남은 것은 무엇인지 아느냐?"

"남은 것이고 무엇이고 저는 숨도 못 쉬고 죽을 지경입니다."

키 작은 주인공은 비명으로 울부짖는다.

"그래 맞다. 너에게 남은 것은 '죽겠다'는 비명 뿐이다. 천재 화가 피카소는 내 '머리'와 너의 '죽겠다'는 비명을 그린 것이다. 이것이 그의 추상화이다."

그렇구나! 나는 머리를 끄덕였다. 그러한 부조리 또는 삶의 모습을 고도의 사유를 통해 그린 것이로구나! 사실 상연된 순박한 영화 주인공 요한 모리츠는 본의 아닌 루마니아인에서 유태인으로, 다시 독일인으로 바뀐다. 루마니아에서 헝가리를 거쳐 독일을 지나 프랑스로 가는 기구한 운명에서 전후 유럽 문명의 종말을 예언한다.

그림에서 뿐아니라 그의 사유하는 패턴을 어렴풋이 소설 속에 이해하게 된 것이다. 그러므로 잘못 발사된 오발탄이나, 하루의 24시 안에는 없는 25시는 모두 가시적이 아니며 삶의 정상적 궤도를 이탈한 절망의 상징이다.

그래서 어려운 현실의 괴리와 역경 속에서 사는 우리 인간의 내면적 모습을 잘 표현해 주었다는 점에서 나에게는 매우 감동적이었다.

돌 보기를 황금과 같이 하라

큰 딸이 중학교 2학년 때이었다. 담임선생님이 스승의 날에 '1일 교사'를 엄마에게 부탁한다고 했다. 그때 스승의 날에는 수업을 안 하고 일반적으로 학부모나 사회의 명사를 초청해서 특별수업을 하던 시기이었다.

그러나 엄마는 그런 것 안 한다고 거절하기에, "그럼 내가 한다"고 하니 딸이 깜짝 놀란다. 다음날 "아빠가 하신다"고 하니 담임선생님이 매우 기뻐하셨다고 한다. 그런데 그 다음부터 딸은 내게, "이제 아이들이 잠이나 자고 잘 듣지도 않을 텐데 무슨 이야기를 할 것이냐?"고 매우 걱정스러운 표정이다. 그래서 나는 딸에게, "염려 말아, 내게 다 생각이 있다"고 큰 소리 했으나 사실 근심스럽지 않은 것은 아니었다.

스승의 날 나는 큰 가방에 돌멩이 4개를 갖고 교실에 들어갔다. 아이들은 매우 의아한 눈으로 나와 가방을 바라본다. 인사를 한 다음 나는 가방에서 돌 하나를 꺼냈다. 학생들은 호기심으로 정신이 모두 말똥말똥해진 듯하였다.

"이 돌은 그리스 남해안 지중해의 살라미스 해전 자리에서 주워 온 것입니다. 기원전 5세기 페르시아가 그리스를 여러 차례 침범하여 파르테논 신정을 파괴하기도 했는데, 그때 마라톤 이야기를 모두 알지요? 그런데 그리스 명장 데미스토클레스가 이 해안에서 페르시아군을 격퇴한 곳이지요? 그래서 돌도 바닷물에 많이 씻겼지요?"

이렇게 나는 고대 지중해 패권을 둘러싸고 벌인 그리스와 페르시아의 역사로서 첫 돌을 설명했다. 그리고 둘째 돌을 꺼냈다. 학생들은 또 다시 호기심이 커지는 듯했다. 나는 다시 설명을 시작했다.

"이 돌은 그리스에 이어 유럽 문화의 선구적 국가인 로마 공화정과 로마제국 의회인 원로원 자리에서 주워 온 것입니다. 공화정 마지막 영웅 시저에서 7월(July)이, 로마제국의 첫 황제에서 8월(August)이 유래된 것 다 알지요? 아마도 세계 역사에서 제일 오래 계속된 제국이지요. 그래서 길은 로마로 통한다고 했지요."

두 번째 돌에 관해서 유럽의 기초를 마련한 로마제국과 특히 세계 최장의 로마제국사를 이야기했다. 세 번째 돌을 꺼내니 학생들은 이미 그 돌을 알면서 '베르린 장벽'이라고 합창한다. 그때는 1990년 독일의 통일이 지난 지 얼마 되지 않아서 학생들도 매스컴에서 자주 보고 들어서 이미 잘 알고 있었다. 그리고 학생들은 매우 신기하게 생각하며 아름답게 채색된 돌 표면에 관심을 가졌다.

"독일은 2차 세계대전 후, 우리처럼 유럽 아시아 대륙 서쪽 끝에서 '갈라진 국가'이었고, 우리는 동쪽 끝이지요. 독일은 1990년 통일이 되었지만, 우리는 휴전으로 아직 세계 유일한 분단 국가입니다."

독일 분단 상황과 어떻게 통일을 이루었는가를 설명하는데, 학생들은 관심이 컸다. 우리와는 크게 다른 환경과 여건에서 독특하고 지혜롭게 통일한데 대해 감탄하는 듯했다. 설명을 마치고 나는 네 번째 돌을 꺼냈다. 앞의 세 돌에 비해 아주 새롭게 보이는 화강암 돌이었다.

"앞의 돌 세 개는 모두 서양 돌이었지만, 이 돌은 우리나라 돌입니다."

학생들은 모두 의아하면서 짐작하기는 쉽지 않은 듯 보였다.

"이 돌은 일제가 조선 왕조를 침탈하고 지배한 관청 조선총독부 건물인 중앙청 재료였던 돌입니다. 우리는 해방 후 이 건물을 우리 정부 청사인 중앙청으로 사용했습니다. 그런데 김영삼 정부 때 역사적 가치로 그대로 보존하자는 여론과 치욕의 상징이니 헐어 버려야 한다는 논의 끝에 철거한 것입니다. 경복궁 근정전 추녀 끝에서 남쪽을 향하면 앞에는 중앙청, 즉 조선총독부 건물이 가로막고 더 우편으로는 현 정부 청사가 있었으니, 조선 왕조와 일제강점기 및 현대, 즉 3시대의 공존을 한눈으로 볼 수 있는 곳이었습니다."

이렇게 해서 스승의 날 나의 일일교사 강의는 성공리에 끝났다. 조는 학생도 없었으니 딸의 염려는 소용없는 걱정이었다. 그래서 그 뒤에 학생들은 딸에게, "그 돌 아직도 잘 있느냐?"고 묻는다고 한다. 그래서 그날 나는 문득 최영 장군의 유명한 말인, "황금 보기를 돌같이 하라!"를 나는 거꾸로 생각해 보았다. 즉 "돌 보기를 황금과 같이 하라!"도 좋겠다고 생각한다.

얼마 전 나는 평소에 잘 아는 금년에 구순을 맞은 8만대장경을 번역 완성한 봉선사 월운(月雲) 스님을 만난 적이 있었다. 노 스님이 나를 다른 사람에게 소개하면서, "이 분은 말똥도 황금으로 보는 분입니다"라고 아주 의미 깊은 말씀을 하여 모두 웃었다. 나는 이에 대해, "말똥도 요즘에는 구하기 힘드니 역시 매우 귀합니다"라고 하여 또다시 함께 크게 웃었다.

황금만 귀한 세상이 아니라 돌도 매우 귀해진 세상을 우리는 실감하면서 산다. 귀하고 흔하거나 비천한 물건이 시대에 따라 가치가 변하는 것처럼 세상 만물이나 만사도 항상 변하고 있는 것이다.

한글날에 생각하는 이극로

일본어만 강요받다 해방을 맞은 초등학교 2학년 2학기 때, 나는 처음으로 《한글 첫걸음》이란 교과서로 우리말을 배웠다. 우리 학년뿐 아니라 전교생이 모두 같이 한글을 시작해야 했으니 세종대왕의 한글 창제 이후 실로 역사적인 대문화적 사건이었다. 그때는,

> "세종 임금 한글 펴니 스물여덟 글-자,
> 사람마다 쉬 배워서 쓰기도 편하다,
> 슬기에 주린 무-리 이 한글 나라로,
> 모든 문화 그 근본을 밝히러-갈거나."

라는 가사로 한글날 노래를 즐겁게 불렀다. 이극로(李克魯, 1893-1978) 박사가 작사하고 채동선이 작곡한 한글날 노래이었다. 그런데 그 뒤 언제부터인가 다시 이 노래가 불리어지지 않았다. 1951년부터 최현배 작사로 된 한글날 노래가 불리게 된 것을 이제야 알았다. 이극로가 1948년 북한으로 가서 활동했기 때문이었다.

사실 오늘날 우리에게 이극로 박사는 낯선 이름이다. 그는 경남 의령

출신으로 호가 물불, 고투(苦鬪)이다. 항일 독립운동에 뛰어들어 1910년대에는 중국 동북 회인현에서 윤세복이 세운 동창학교 교사였다. 박은식, 신채호와 이시열(뒤에 운허 스님) 등과 교류하여 민족의식을 고양하고 독립운동 단체인 대동청년단에 가입하여 일본과 싸웠다.

이극로는 1916년부터 중국 상하이에 독일인이 세운 동제동학(同濟大學)을 거쳐 1922년 독일의 베를린 대학에 유학해서 정치경제학과 철학 및 언어학을 전공하여 1927년 〈중국의 잠사공업연구〉로 경제학 박사학위를 받았다. 같은 고향 동료로서 독일 예나대학에서 철학 박사학위를 받은, 해방 후 대한민국 초대 문교부장관인 안호상(安浩相) 박사보다 2년 앞섰다.

비록 그가 경제학 박사이지만 식민지 조선의 암울한 상황에서 국어연구와 보급을 통한 독립투쟁을 해방까지 계속한 열정적 국어학자였다. 조선어학회 사건이나 특히 조선어사전편찬회 조직과 운영으로 왜경에 체포되어 3년 옥고를 치르며 고문으로 7번이나 옥중에서 기절했었다고 한다.

이극로는 특히 독일 유학시절 독일 정부와 교섭하여 재학하는 베를린(훔볼트) 대학에 1923년 겨울학기부터 1926년 겨울학기까지 조선어학과를 설치하고, 직접 외국인 학생에게 강의하여 17명 학생을 배출했다. 이는 외국 저명한 대학에 개설된 최초의 조선학과로서 그의 의미는 대단히 크다고 아니 할 수 없다.

식민지 조선의 일개 재학생이 일본과 가까운 관계인 독일 대학에서 그 어려움이 얼마나 컸겠는가? 특히 우리 국어는 당시 사전도 없었고 맞춤법이나 통일된 문법도 없었다. 학생들이, "사전과 문법 없는 언어가 어디 있느냐?"는 질문을 받아 매우 난처했다고 그는 뒤에 회고했다.

"함께 공부하던 독일 학생들이 틈틈이 나에게 조선어를 배우다가, 하루는 이럴 것이 아니라 정식으로 조선어과를 설치하는 것이 어떠냐 고 제의하여 나는 좋다고 했다. 다만 유료 강사를 초빙할 수 없으니 무보수라면 설치할 수 있다고 했다"는 것이다.

또 한편 교재 문제도 매우 어려웠다. 한글 글자 인쇄를 위해 독일 국립인쇄소와 교섭하여 처음으로 한글을 가로 쓰고, 교재는 춘원 이광수의 〈허생전〉의 앞부분을 대역으로 인쇄하여 《동양학과지》에 실었다. 여기서 인쇄 문제는 뒤의 북한으로 간 언어학자 김두봉과 상의하고 중국의 상무인서관과 상의한 후, 독일 국립인쇄소에서 제작했다고 하니 놀라운 일이었다.

이극로 박사의 국어 사랑은 지극히 열정적이어서 고향 동료로서 함께 독일 예나대학에 유학하여 철학을 공부하던 안호상에게도, "그까짓 철학 집어치우고 언어학을 하라" 강력히 권고할 정도이었다고 한다. 그는 서간도 민족학교인 대종교 동창학교에서 민족주의 사학자인 신채호와 박은식, 동료 교사인 주시경의 제자 김진(김영숙, 1886-1952)의 영향을 크게 받았다.

그는 독일 유학을 마치고 귀국한 후 가장 치열한 활동은 역시 국어연구와 보급을 위한 애국 독립운동이었다. 그는 "국어가 민족의 생명이어서 가장 시급한 문제"라고 강조하고 언어독립운동에 온몸을 던진 것이다. 1929년 귀국 후, 조선어학회에 가입하고 조선어사전편찬회를 조직하고 운영하였다.

고난과 투쟁 및 굴절로 이어진 86세의 생애에 놀랍도록 많은 업적이나, 아울러 전공인 경제학이나 박사학위 논문에 나는 관심을 갖지 않는다. 우리가 관심을 갖는 것은 1948년 그가 한국을 떠나 북한으로 가기 전에 일제강점기의 항일투쟁으로서 우리 국어연구와 보급에 기울인 지대한 공적을 찬양한다.

압록강 지역 여행 중, 식당 주인이 '고추장'이란 말을 이해 못한 데서 동기를 얻어 조선어연구와 맞춤법 통일안 및 표준어와 조선어대사전 편찬에 기울인 그의 빛나는 업적을 한글날에 다시 되새겨 본다. 그리고 그가 북한에서 이룩한 한국어연구의 업적도 국어통일화의 길에 함께 올 날을 간절히 바라며 한글날 노래를 다시 되새겨 본다.

대학생의 인생 설계

알지 못하던 고대 설화를 읽으면 매우 신비롭고 흥미있다. 아울러 내가 기억하지 못하는 예전 기록이나 사물을 통하여 알게 되는 일 역시 하나의 커다란 즐거움이다. 다른 사람에게 내가 써준 오랜 편지 등을 볼 때에 내가 그때 그렇게 생각했었군 하며 나 자신의 성장과정이나 나이테를 찾아보는 것 같아서 흥분된다.

얼마 전, 페이스 북에 사진 두 장과 몇 줄의 글이 한동안 나의 마음을 사로잡았다. 건축회사 이상연 사장이 페이스 북에 당시 내가 성동고등학교를 졸업하는 그에게 축하와 기념으로 준 조그만 책, 《대학생의 인생 설계》 사진과 그 책에 축하한다고 써 준 글이다. 이 책은 W. J. 라일러가 쓰고 양병탁 교수가 번역한 입학하는 대학생들에게 주는 학생생활은 물론 인생안내서이다. 그때 나는 이상연 사장에게 주는 책에 이렇게 썼다.

"오늘의 졸업을 진심으로 축하하며, 오늘의 보람이 인생설계의 중요한 단계가 된다는 점에서, 그리고 보다 나은 미래의 인생을 설계할 수 있다는 점에서 중요하다. 인생은 단막극이 아니니 훌륭한 설계와 이에 대해 부단한 노력은 확실히 더욱 훌륭한 결실을 가져다주리라고 굳게 믿는다. 이 작은 책자 속에서 읽으면 읽을수록 뜻있고 값있는 말들의 샘을 발견할 수 있으리라고 믿으면서" -신용철 1964년 1월 31일

타임머신을 타고 반세기 전의 꿈속으로 나는 달려가고 있었다. 뚜렷한 희망도 없이 방황한 듯 하던 나의 그날들을 회상시켜주기에 충분했다. 내가 읽은 그 책에서 진한 감명을 받아 졸업하는 이 사장에게 주었던 것으로 기억한다.

전쟁터에서 자란 나의 대학생활은 굴곡을 거치면서 뒤늦게 시작되었다. 고등학교를 졸업하고 2년이 지나 백마고지가 보이는 철원에서 군생활을 마친 후 입학했으니, 다른 정규과정을 거치는 학생에 비해 최소한 3년 이상이나 늦었다. 군생활을 마친 것 외에 별다른 인생수업도 없었다.

하숙을 할 처지가 못 되어 성동구 신당동(유락동) 친척댁에 얹혀 기숙하던 때 이상연 사장을 만났다. 충남 공주가 고향인 이 사장은 성동고등학교에 입학을 하고 같은 친척댁 하숙생이었다. 어느 날 서부 전방 문산에서 사업을 하시던 아버님과 함께 들어오던 날, 키가 크고 호기심에 찬 눈으로 주위를 살피던 이 사장을 기억한다. 그 후 항상 연락이 끊이지 않고 오늘날까지 끈끈한 정으로 친형제처럼 살고 있으니 참으로 다행이다. 하숙기간이 길진 않았으나 어디 살든 항상 연락이 끊어지지 않았다.

이 사장은 책 사진과 내 글을 함께 소개하면서, "오늘날 나를 있게 한 신용철 교수"라고 한 글에는 그저 눈시울이 뜨거워진다. 내가 무슨 그리 큰 정신적인 영향을 준 것도 아니니 그저 부끄러울 뿐이다. 그 책을 50년이나 갖고 있다가 공개하는 것을 보면서 역사가인 나보다 더 자료

를 보관하는 이 사장을 찬탄하지 않을 수 없다.

키가 크고 가끔 유머어가 넘치는 이 사장은 고등학교 졸업 후, 한양대 건축학과를 졸업하고 그 분야에서 크게 성공한 입지전적인 사업가이다. 고등학교 때 역사시간에 인물의 전기를 읽고 그 평을 써 오라는 과제를 도와주었는데, 선생님으로부터, "남자가 이처럼 호탕 대범하게 생각해야 한다"는 칭찬을 받았다고 자랑하던 생각이 난다. 술을 잘하는 이 사장은 술이 약한 나에게 언젠가, "내가 공부는 형을 당할 수 없지만, 술은 훨씬 잘 마십니다"라고 해서 함께 웃었다.

고등학교 졸업하고 그때 누구에게나 어렵던 시절, 내가 다행히 고등학교 교사로 하숙하던 유락동(유화순 할머니댁)에서 한양대 학생으로서 함께 지내던 기억 또한 새롭다. 그 댁에는 성균관대 화학과 유덕희 학생과 한국외국어대 정치외교학과 정천구 학생 및 이상연 학생 등이 있었는데, 오늘날 모두가 입지전적으로 성공을 거둔 저명한 사회적 인사가 된 것을 매우 자랑스럽게 생각한다.

유덕희 학생은 경동제약 회장으로서 성공적 기업인임은 물론 성균관대 동창회장과 한국가톨릭교 신도 회장 등으로 사회에 크게 봉사하고 있다. 정천구 학생은 학자로서 뿐아니라 정치 현장에서도 크게 활동하여 오랫동안 청와대 정무수석을 거쳐 불교대학 총장도 역임하였다. 앞에서 이미 본대로 이상연 학생 역시 건축업계에서 크게 성공하여 활동하고 있으니 참으로 대단한 하숙생들이다. 그래서 만나면 아마도 하숙하던 집터가 아주 좋은 것 같으니 한번 가 보자고 해서 함께 웃는다.

이상연 사장이 고등학교 졸업 축하 기념으로 받은 작은 책 한 권을 페이스 북에 공개함으로써, 어렵지만 열심히 인생을 설계하면서 살아온 지난 50년 전 하숙 시기를, 타임머신을 타고 둘러보는 듯해서 한없이 감개무량하고 또 행복하다.

교사 시기의 일화들

대학졸업 후, 덕성여중고교 교사 시기는 배움과 가르침의 중요한 교학시기로서 의미가 크다. 처음에는 열정은 있었지만 방법이 서툴렀다. 광범위하면서도 보편적인 역사 지식이 필요함을 통감하는 시기이었다. 뒤에 교수가 된 그때 어느 학생이, "그때 이후 흥미로운 역사 수업을 경험하지 못했다"고 해서 작은 보람을 느끼기도 했다.

교사가 납부금을 독촉해야 하는 학교의 방침을 비판도 해 보고, 학생들의 교외 지도라고 극장 출입하는 학생을 적발하거나 당구장이나 수영장에서 단속하기도 하였다. 그 시대의 상황이었다.

특별활동 교사로 담당했던 변론반 〈5분〉이란 제목의 글을 써 보라고 했는데, 한 학생이 "우주선 카운트 다운의 짧은 시간을 생각하면 5분이란 참으로 긴 시간인데, 아끼는 마음으로 소중하게 활용해야 한다"고 아주 간결하고 훌륭하게 썼다. 나는 그 학생을 칭찬하고 우리 학급에서 만든 《참 주인》에 실어 주었는데, 그 여름방학 그 학생은 내게, "제 글이 생애 최초로 활자화되는 기쁨을 주시기 위해 실어 주신데 대해 감사합니다"라고 편지를 보냈다. 그 학생이 영문학과를 졸업하고 중앙일보 기자를 거쳐 이화여대 홍보실장을 역임한 이덕규(李德揆)이다. 담임했던 중학교 반에서 교수 2명과 언론인이 2명이나 나왔으니 흐뭇한 일이다. 오늘 마침 신문에서 보니, 신축(辛丑)년인 2021 '소띠의 해'를 상징하는 소를 그린 화가 황주리 작가가 당시 아주 어린 중학교 1학년이었다.

1969년 중학교 평준화로 입학한 학생을 1970년에 맞게 되었다. 학년 초에 담임이 배정되면 성적순으로 학생들을 맞게 되고 반장 선거를 했는데, 당선된 어머니로부터 다음 날, 의외의 전화를 받았다.

"우리 아이는 반장을 할 만한 능력이 없으니 바꿔 주십시오"라는 것이었다. 사실 거의 모든 어머니는 반장이 되면 기뻐하는데, 참으로 솔직한 분이라 생각하며, "제가 시킨 것이 아니라, 학생들이 선출해서 바꿀 수는 없습니다. 학생이 좀 힘들면 내가 도와주면 되니 염려 마십시오"라고 안심시켜 드렸다. 이 이선희 학생은 착실한 반장이었을 뿐 아니라, 나의 교수 시절과 정년 한 오늘날까지도 연락이 되고 있으니 참으로 기쁜 일이다. 그도 벌써 정년에 이르니 지금에 와서 사제라는 도식적인 관계가 아니라 "교사와 친우(師友)"라고 생각된다.

그때까지 아직 스케이트를 배우지 못했던 나는 효창운동장 스케이트장으로 갈 용기를 내었다. 여러 차례 넘어지면서 배울 때, "선생님 안녕하세요?"라는 인사에, 부끄러워서 쳐다보지도 않고, "응 너는 잘 타니?"라고 얼버무렸다. 그러자 의외로, "신 선생님, 저는 이 OO의 언니얘요"라는 것이었다. 학생 언니에게 실례를 한 것이다.

"미안해서 어쩌지요?" 내가 사과하니, "선생님, 괜찮습니다. 많이 타세요!" 하면서 가 버렸다. 지금 생각해도 멋쩍고 부끄러운 일이었지만, 아름다운 추억들이다. 그 착하고 예쁘던 학생이나 그의 언니는 지금 어떻게 살며 변했는지 궁금하다.

잊을 수 없는 그 시대의 아픈 추억도 있다. 나는 역사와 반공도덕이란 과목을 맡고 있었는데, 특히 도덕시간에는 자주 토론을 시켰다. 사실 도덕 점수가 좋은 학생이 도덕적이란 생각을 하기는 어려웠기 때문이다. 그런데 어느 날, 반공도덕의 시간에 한 학생이 손을 들었다. "선생님, 주변에 공산주의자가 있으면 어떻게 하지요?" 나는 깜짝 놀라서 당황하지 않을 수 없었다. 그것은 그 당시로서는 심각한 문제였기 때문이다.

"그 마음을 고치시도록 잘 말씀을 드려야지"라고 할 수밖에 없었다. 그런데 학생은 다시 묻는다. "그래도 안 되면 어떻게 합니까?" 순간 나는 아찔했다. 이것은 참으로 큰일이다. "그러면 당국에 고발하는 수밖에 없다." 수업이 끝나고 나는 그 학생을 불러서 물었다. "그것이 부모님이냐?" "아닙니다." 나는 더욱 불안했다. 혹시 나를 말하는 것은 아닌가 의심했다. 왜냐하면 내가 역사와 반공도덕을 가르치기 때문이었다. 그래서 다시 말하지 않을 수 없었다.

순간 나는 그러면 이것은 학교 선생이라고 생각하며, 다음날인 일요일에 학생을 우리 집으로 오라고 했다. 그날 나는 그 학급 담임과 함께 퇴근하면서 광화문을 지나고 있었다. 내 이야기를 들은 담임선생은 깜짝 놀라면서, "그 학생들이 나를 말하는 것 같은데, 큰일이로군! 그러면 내일까지 기다릴 필요 없이 오늘 학생들을 만나봅시다."

왜냐하면 그때 마침 우리 앞에는 바로 그 반 학생들이 지나고 있었기 때문이다. 우리는 함께 빵집에 들어가 학생들과 그 문제에 관해 이야기를 시작하였다. 그런데 놀라운 것은 바로 담임선생을 간첩으로 잘못 생각하고 있었던 것이다. 의심하기 시작한 학생들은 매일 담임선생의 언동을 하나하나 체크해서 기록하고 있었다고 한다. 참으로 기막힌 것은, 간첩 신고를 하면 나오는 보상금을 나누어 갖자는 논의도 했다고 한다.

그 선생님은, "내가 북한에서 내려왔는데, 간첩일 것 같으냐?" 하면서 긴 안도의 한숨을 쉬었다. 이 모두 냉전시대의 서글픈 우리 역사적 체험이었다. 지금 같으면 대단한 일이 아니지만 그 당시 만일 학생들이 고발을 했다면 담임선생은 대단한 곤욕을 치렀을 것이다.

"구해주셔서 참으로 고맙습니다." 그 분은 내게 여러 차례 고맙다고 했다. 학교 생활 주임은 나에게 큰 위기를 넘기게 했다고 칭찬하면서 며칠 후 직원회의에서, "선생님들께서 학생을 사랑으로 대하여 될수록 숨기지 않고 교사와 대화가 잘 될 수 있도록 지도해 주시기 바랍니다" 라고 함축성 있게 당부하였다. 지금도 그때 참 잘 대처해서 다행이었다고 생각한다. 평소에 비록 어린 학생들이었지만 격의 없이 대화를 한 것이 큰 위기를 사전에 막을 수 있었던 것이다.

재임 기간에 학교 교지인 《덕성》에 '덕수궁의 역사에 대한 글'과 교단 잡상을 몇 편 썼다. 특히 학교를 떠나기 전 나는 2학년 학생들과 《참주인》이란 등사판 팜프렛을 만들었는데, 지금 찾을 수 없어 아쉽다.

작은 문학회의 큰 울림

파란 가을 하늘 아래 면민 축제는 무르익고

하늘이 열려 역사가 시작됐다는 10월 3일 개천절, 가을 하늘은 한껏 높고 푸른데 6천여 면민 가을 축제 열기로 내촌초등학교 운동장이 뜨겁다. 각 리마다 천막을 치고 마을 이름 깃발을 꽂았는데, 이태조가 묵었다는 '여덟배미(八夜洞)', 말이 울어서 '말우리(馬鳴里)', 군대가 주둔했다는 '둔터(屯基)', 넓은 고개 '넉고개(廣峴)' 등 고유하고 아름다운 마을 이름이 아주 인상적이다.

'꿈과 사랑이 넘치는 희망의 보금자리'란 기치 아래 '내촌 면민 한마음체육대회'의 목표로 각 부락은 그동안 힘과 기량으로 줄을 당기고, 피구를 하며, 달리기에 환호하느라고 하루의 따가운 햇살이 오히려 다정한 날이다. 맛있는 음식을 준비하여 하루를 마당에서 즐기고 오랜만에 그 무덥던 여름을 옛 이야기하며 풍성한 추수에 감사한다. 멀리 외지에 나가 있는 동향인이 고향과 옛 동창을 찾는 날이기도 하다.

광릉에서 여덟배미를 고쳐 음현리 고개를 넘으면, 작은 벌판이 트이는데 이곳이 해발 800여m 독바위가 엄숙하고 웅장하게 내려다보는 내촌 제1의 벌판이다. 어디로도 갈 데 없을 것처럼 보이는 곳이다. 이곳에서 워커힐 쪽으로 40여km 흘러 한강으로 들어가는 왕숙천(王宿川)이 시작되는 조용하고 아름다운 곳이다.

왕숙천은 흐르면서 내촌 유역에 스키장 베어스타운을 만들었고, 내촌의 레저타운, 마명리의 서능관광지를 남겨 놓았다. 이 작은 그리고 조용한 분지에도 이제 사통팔달하는 도로가 뚫리고 많은 변화가 일고 있다. 거의 전 면민이 매일처럼 일어나서부터 어두울 때까지 쳐다보는 해 뜨는 산 독바위 아래 '독바위 문학회'가 금년 7월 15일 그의 창간호 《독바위문학》을 내놓았다. 나는 그때 그 자리에서, "역사를 가진 우리를 우리답게 외부에 내보일 수 있는 첫걸음으로 새로운 약동"이라고 감격했었다.

그리고 '독바위문학회'는 오늘 이 젊음이 넘치는 내촌초등학교 운동장에 각 부락이나 리처럼 천막을 치고 첫 백일장을 열었다. 그것은 가슴 설레는 첫 시도였지만 하나의 모험이며 도전이었다. "도대체 뛰는 체육대회에서 조용히 생각하는 글쓰기가 가능할까? 또 과연 몇 사람이 참여할 것인가?" 그것이 문제였다.

작지만 크게 울린 '독바위문학회' 백일장

그러나 우려는 하나의 기우였다. 날이 어둡고 체육대회가 모두 끝나 19시경 함께 시상식을 하면서 면민은 알았다. 내촌에 그러한 문학회가 있었고, 25명 수상자들에게 뜨거운 박수를 보내면서 열광했다. 그때 단상에서 시상하던 김정택 회장은 오늘의 백일장이 성공적이었음을 실감하면서 흐뭇했다. 일반부 박정남 등이 김정택 독바위문학 회장상을, 초등부 허유리가 박찬억 내촌 면장상을 받았다.

시제는 '가을', '가족'으로 시와 산문부 등록을 10시까지, 14까지 원고를 제출하게 되었다. 참석자들이 의외로 몰려들었다. 참여자는 초등부, 중등부, 일반부로 나누었다. 모두 90여 명이었다. 실로 대단한 성과였다. 첫 시도는 대성공으로 이곳 내촌 불모지에 중요한 문학의 씨앗을 뿌렸다.

순수하고 열정적인 회원은 물론 김정택 회장을 비롯하여 박찬억 내촌면장, 허진행 내촌지서장, 이흥규 내촌양조장 사장, 김영재 청송회장 등 내촌 살림을 맡은 분들이나 유지들의 합심과 협력이 만들어 내는 아름다운 결실이다. 심사가 끝날 무렵, 바쁜 중에도 포천, 연천지구 국회의원 이철우 의원이 들려 임원들을 격려해 주었다. 나는, "문학을 좋아하는 분이 국회의원 된 것을 매우 기쁘게 생각한다"고 답례했다. 이철우 의원은 포천문인협회의 회원으로 글을 쓰는 분이다.

아쉬운 작별

서초구 구반포는 지리적으로 한강이 흐르면서 더블유(W) 자 왼쪽 아래처럼 강물이 쉬어서 돌아가듯 보이는 곳이다. 그러므로 한자로는 아마도 회(匯)자가 가능한 포구이다. 그리고 그 남쪽 배후에는 국립현충원이 자리한다.

이 서울과 삼남지방을 잇는 동재기나루(銅雀津)터에는 지금 반포공원이 조성되고 인공으로 아름다운 서래섬이 만들어지고, 세빛둥둥섬 수상 명소가 시민의 사랑을 받는다. 그 아래로 동작대교가 남산을 바라보며 용산 대통령궁 쪽으로 통한다.

이 모래밭에 1970년대 중반 넓은 공간과 많은 나무로 둘러싸인 5층 반포아파트가 AID 차관으로 지어졌다. 그 당시는 아파트가 지금처럼 보편화 되지도 않았었고, 교통도 편리하지 않아 불편한 점도 많았다. 더구나 아직 우리에게 익숙하지 않은 유럽식 중앙난방으로 살면서 온돌로 바꾸는 주민이 늘어났다. 그래도 이 아파트는 점점 고색이 짙어지면서 교육이나 환경, 교통 등에서 매우 인기 높은 주택지가 되었다.

그렇지만 한국 아파트 초기 주자로서 이제 거의 반세기에 이르면서 다시 지어야 하는 재건축 대변화에 직면하게 되었다. 나는 1982년 독일에서 귀국한 후, 이 아파트에 살면서 학문 및 직장 등 모든 생활이 여기에서 정착되어 오늘에 이르렀다. 어머님께서도 여기서 세상을 떠나시고 아내와 나도 대학교 생활을 여기서 성공적으로 마쳤다. 두 아이들이 또한 초등학교와 중고등학교 및 대학을 마치고 결혼까지 했으니, 태어난 고향 포천 다음으로 더 오래 산 제2의 고향이 되었다.

특히 대학을 떠난 후, 집 근처 반포프라자에 연구실을 만들어 학문과 연구에 손때 묻고 정들었던 서적들과 함께 어느덧 대학 근무기간과 비슷해진다. 이 연구실 장사재(藏史齋)에 있는 동안 학문과 문학 및 세사에 관심 있는 몇 분들과 가끔 모임을 가졌다. 즉 구반포 지하철역 바로 앞에 있는 반포프라자 건물에 연구실을 가진 사람들로 가끔 모여서 식사와 특히 세상 이야기를 하며 노년으로 향하는 지우(知友)들이다. 그래서 모임의 이름을 백세토록 반포에 살며 만난다는 백포회(百浦會)라 했다. 말하자면 모두 서로 다른 전공과 직업을 가졌던 사람들이 모여 지난날의 체험과 지혜를 반추하며 문학과 생각의 이야기꽃을 피우기도 했다.(文思匯)

언론학 교수로서 영국에서 학위를 마치고 한국 외국대 교수로서 평생 언론계에 매우 열정적으로 활약하다, 반포프라자 건물 준공 시기부터 연구실을 마련 운영한 정진석 교수가 가장 오랜 연구실 지킴이이다. 매우 활동적인 검사로서 박종철 사건 등 중요한 사건들을 소신껏 처리하며 유명한 법조인으로 간판을 숨긴 채 아직도 법률 자문 등으로 바쁜 최환 변호사도 함께한다.

명문 해평 윤문의 월정 윤근수(尹根壽)의 후손을 자랑스럽게 여겨 생산하는 차를 '월정차'라고 명명한 영국 유학파 경제인 윤양섭(尹亮燮) 회장이 있다. 특히 윤 회장은 고향에서 차 밭을 운영하며 대한차인회 회장으로 반포프라자 옆에서 '워터 프론트(Water Front)'를 운영하며 수필과 시조로 등단한 문인이기도 하다.

가장 연령이 앞선 나는 연구실 장사재 주인으로서 독일 하이델베르크 대학에서 학위 후, 경희대학교 사학과 교수로서 정년했다. 대학 교무처장과 박물관장, 경기도 문화재위원 및 국사편찬위원을 역임했다. 중국 사상가 이탁오(李卓吾)가 주 전공이며 수필가로서 사상사와 통일에 관심이 크다. 《한국수필》과 종합 문예지 《문예비전》 및 《경기인》에서 글을 쓴다.

코로나19 병란의 극성으로 서울 지역 방역조치가 4단계로 격상되고, 찌는 듯이 대지가 열기를 확확 뿜어내는 중복에 네 사람 지인들이 만났다. 중복이어서 '모두랑 치킨'이란 음식점에서 삼계탕 파티를 가졌다. 자주 만나지는 못했어도 항상 서로 통화하며 세상사를 논의하고 우의를 돈독히 했는데, 금년 들어 구반포 아파트 대단지 재건축으로 우리 백포회도 대 이산 시대가 시작된 것이다.

우선 정진석 교수가 연초 연구실을 정리하여 옮겼고, 11월까지 윤양섭 회장도 아파트와 '워터 프론트'를 옮겨야 한다. 나는 2년 전, 가까운 신반포로 이미 옮겼고 연구실 '장사재'는 그대로 유지되어 큰 변화는 없다. 특히 7월 29일 정진석 교수가 이미 아파트를 떠나 수원으로 이주하게 되어 그분을 송별하는 모임이 된 것이다. 물론 떠난다고 해도 유무선으로 만날 수는 있지만, 지금처럼 쉽지는 않을 것이다. 그리고 아직 아파트 완공시기를 알 수 없지만, 그때쯤에는 우리 회원들 노령화로 더욱 인생의 석양으로 다가가는 커다란 변화가 있을 것이 아니겠는가?

특히 곧 이사하는 정진석 교수는 자기 자신처럼 사랑하고 만들어 온 연구실마저 정리하고 아파트를 떠나는 마음이 더욱 착잡한 듯했다. 물론 4, 5년 후 새롭고 훌륭한 아파트가 되겠지만 다시 정원 속의 주거지는 더 이상 아닐 것이다. 단 5층 아파트와 2대 주차가 가능한 넓은 공간, 나무가 많아 우거진 구반포의 옛 모습은 아닐 것이다.

"달은 가도 항상 그 달인데, 사람은 와도 그 사람은 아닐 것이다"라는 옛 시인의 말처럼 모두 바뀔 것이다. 좀 더 거창하게 말한다면, 대부분 한국의 산업화 시대를 이끌었던 주역은 거의 사라져가고, 민주화세대와 소수의 MZ세대가 주인이 될 것이다.

식사가 끝나고 찻집에서 우리는 긴 이야기를 나눴다. 주로 구반포에서 그동안 살면서 얽힌 이야기의 꽃을 피웠다. 집 앞에 연구실을 만들어 안방처럼 드나들던 정진석 교수가 특히 곧 떠나면서 몹시 서운한 듯하다. 더욱이 집 앞 연구실보다는 박물관 수장고처럼 많은 유물들을 어지럽게 쌓아놓은 윤양섭 회장, 거의 매일 출근하는 법률사무소의 최환 변호사, 모두가 떠나고 4, 5년간 이 일대 7,400여 세대와 상가가 온통 폐허의 공사장이 될 터이니 얼마나 황량하겠는가?

2년 전 36년 만에 반포아파트를 떠나 이사한 뒤, 2년 뒤에 다시 와 보니 애써 정들여 가꾼 정원의 아름다움이 거의 사라진 것에 매우 놀라웠다. 키 큰 백색 목련 아래 빨간 장미와 노란 매화, 예쁜 인동초 덩굴이 모두 시들어가는 모습이 안타까웠다. 가을에는 도라지꽃이 파랗고 서리를 맞으며 누런 국화가 버티고, 거의 첫눈이 내리는 초겨울까지 그 탐스러운 수백의 붉은 열매를 주렁주렁 매달던 감나무도 이제 전설이 되고 만다. 그래서 앞으로 돌아볼 고향무정의 구슬픈 노래를 연상해 본다.

아직 반포프라자에 연구실을 가진 최 변호사와 윤 회장이나 나는 쉽게 만날 수 있지만, 정진석 교수는 쉽지 않을 듯하다. 그래서 나는 명년 중복에 다시 만나자고 제의했다. 물론 오늘의 이곳 구반포는 더 이상 존재하지 않는 폐허의 공사장이 되었을 것이니 다른 곳에서 만나야 할 것이다. 아마도 대선이 끝나 정치 사회도 크게 달라질 것이다.

정진석 교수가 차를 몰고 떠나기 전 우리는 구반포 먹자골목인 광주식당 앞에서 기념으로 사진을 한 장 찍었다. 가장 대표적인 일식당인 식도원을 비롯하여 대전식당에서 전주식당 및 광주식당으로 이어지는 호남선 같은 이 뒷골목에서 근 40년간 참으로 많은 일화와 사연들을 쌓았다.

나도 이 골목을 다시 찍었다. 정 교수와 윤 회장이 걸어가는 뒷모습의 사진에서 "만나면 헤어진다"는 인생사의 불교적 인연을 다시 한번 절실하게 생각한다. 구반포 재건축으로 강남 개발 이래 이 포구 일대가 4, 5년 후에 나타날 35층 고층아파트 숲을 상상하며 한없이 쓸쓸해진다.

밀포드 사운드로 가는 길

03

해인사 옛 사진을 보며

1962년 여름방학에 나는 사학과 친구들과 경주와 영주 등 경상북도로 문화유적 답사를 떠났다. 여름이어서 최소한의 경비로 반 무전여행이었다.

우리는 사적 21호인 김유신 장군 묘를 시작으로 무열왕릉에서 신라 삼국통일을 함께 토론했다. 12지(支) 신상이 들어 있는 왕릉과 같은 삼국통일 명장의 위상을 실감했다. 초등학교 3학년 때부터 읽은 《조선사화집》에서 〈김유신과 천관녀天官女〉, 〈석굴 속의 김유신〉 및 〈김유신과 삼여신〉 및 황산벌의 싸움 등을 생각했다. 문희와 김춘추 즉 무열왕에 관한 흥미로운 이야기도 함께 회상하였다.

경비 절약을 위해 밤에 불국사 마당에서 잘 생각도 했었다. 경주 남산을 쏘다니다가 비 오는 날, 작은 절에서 자고 먹던 시큼한 된장찌개와 보리밥을 기억한다. 경주 서천에서 목욕하고 영주 부석사를 거쳐 대구 경북대 박물관을 찾았다. 값싼 음식 찾는다고 무더운 날씨에 10여 개 음식점을 찾기도 했다.

7월 21일, 마지막 답사지인 해인사로 향하는 버스를 탔다. 그런데 돌아갈 차비 밖에 남지 않아 해인사에서 지낼 일이 막막했다. 이때 나는 버스 안에서 동행하는 스님으로부터 운허(耘虛, 1892-1980) 스님이 해인사에 계신 것을 알게 되었다. 그래서 도착하면서 운허 스님을 찾아뵙고 광동중고등학교 졸업생임을 말씀드리니 반가워 하시면서, "숙소는 정했는가?"라고 물으셨다. "지금 바로 도착하였습니다"라고 말씀드리자, 시봉 스님을 부르시더니, "이 분들 깨끗한 방 하나 치워드리고, 계신 동안 공양을 대접하라!"라고 하셨다.

이렇게 해인사에서 여행 중 가장 편안한 이틀 밤을 보낼 수 있었다. 7월 21일이란 일자를 알게 된 것은 스님이 그날 기록하신 《20년 탁상일기》 덕분이다. 운허 스님은 평안북도 정주가 고향인데, 근대 문학의 선구자, 춘원 이광수(李光洙, 1892-1950)가 8촌 형이다. 스님은 중국에서 독립운동 중 귀국했다가 왜경에 쫓겨 강원도 봉일사에 숨었다가 금강산 유점사를 거쳐 남양주 광릉 봉선사에서 불자의 길을 걷기 시작했다.

위대한 학승으로서 광릉 봉선사에 주로 머물면서 불교 개혁과 불경번역의 큰 공적을 남겼다. 특히 봉선사와 말사의 재산을 바탕으로 광릉에 1946년 광동중학교를 설립하여 오늘날 한강 이북의 명문 중고등학교로서 발전하고 있다.

저녁을 먹고 우리는 개천을 건너 버스 정류장 있는 마을에 갔는데 어느덧 날이 저물고 비가 내렸다. 암흑처럼 어두워 밤에 우산도 없이 비를 맞으며 커다란 개천 징검다리를 분간하기 힘들어 엉금엉금 기다시피해서 해인사로 돌아왔다.

그런데 숙소로 들어가는 모든 문들이 굳게 닫혀 있지 않은가? 문 열어 달라고 소리칠 형편도 안 되어 주위를 몇 바퀴 돌았으나 들어갈 수가 없었다. 누가 혹시 멀리서 보면 밤중에 물건을 훔치러 해인사를 들여다보는 도둑으로 보일 것 같아 멋쩍은 웃음이 절로 나왔다. 이때 다행히도 사찰을 순시하는 스님이 지나가서 들어갈 수 있어 안도의 숨을 쉬었다.

쌓인 피로와 비까지 맞았으니 잠이 쏟아졌다. 막 잠이 들 무렵, '뿌-웅' 하는 소리와 함께 고약한 냄새가 좁은 방에 풍기지 않는가? 일행 중 이 군이 핵실험을 한 것이었다. "너! 방귀 뀌었지! 밖으로 나가라!"라고 다른 친구가 외쳤다. "내 이제 시작인데 뭘?" 하며 방귀 뀐 친구는 오히려 큰소리를 해서 모두 낄낄대고 웃었다.

그런데 옆방의 스님들이 다투는 소리에 우리는 조용히 귀를 기울였다. 한 스님이 "너 방귀 뀌었지?"라고 하자, 다른 스님이 "내가 언제?" 라고 하면서 서로 다투고 있었던 것이다. 방귀는 우리 방에서 뀌었는데 스님들이 옆방에서 다투고 있으니 우습지 않은가? 우리는 터져 나오는 웃음을 참느라고 애를 썼지만 결국 웃을 수밖에 없었다. 그러자 옆방 한 스님이 우리에게 "왜 웃습니까?" 하고 항의하니, 우리는 더 웃을 수밖에 없었다. 지금 생각해도 웃음이 절로 나오는 해인사 여름밤의 추억이다.

이튿날 아침, 엊저녁에 온 비로 날씨는 산뜻하고 맑았다. 경내를 둘러보고 1,450여 미터나 되는 가야산의 높은 봉우리에 올랐다.여름인데도 불어오는 바람이 오히려 서늘하게 느껴질 정도이었다. 내려오면서 산 중턱에 있는 유명한 마애석불(磨崖石佛)을 어렵게 찾아서 사진도 찍었다. 이를 본 함께 간 다른 학과 출신 학생은, "돌멩이만 보아도 사진 찍고 탁본한다고 좇아가니 다시는 사학과 학생들과 여행을 하지 않겠다"고 해서 함께 웃었다.

운허 스님은 우리에게 해인사와 주변의 문화재에 대해 친절하게 안내해 주셨다. 사찰 경내 창고 가마니에 쌓여있는 국보급 비석과 사찰 동구의 농산정(籠山亭) 옆 바위 돌에 새겨진 최치원의 시 등 해인사의 문화재도 알려주셨다. 가마니에 쌓인 비석을 탁본하다가, "누구의 허락을 받고 이 귀중한 것을 함부로 탁본하느냐?"고 주지 스님의 호통을 듣기도 했다. 학문으로 작은 규제를 초월한 스님과 행정적 절차를 중시해야 하는 스님과의 차이였다.

떠나는 날, 동구 밖 개천가 농산정 건너편 바위에 있는 최치원(崔致遠, 857～908)의 시문을 탁본했다. 글씨는 물이 흐르는 바위에 새겨져 있었다.

> 쌓인 돌 위를 거세게 흐르는 물은 겹친 산봉우리를 울리고
> 사람들의 말소리는 가까운 데서도 분간하기 어렵구나.
> 사람들 시비하는 소리 귀에 들릴까 항상 두려워,
> 흐르는 물에게 이 산을 다 휘감아 버리라고 하네.
> (狂奔疊石喉重巒, 人語難分咫尺間.
> 常恐是非聲到耳, 故教流水盡籠山.)

이 시의 글씨는 조선시대의 유명한 유학자 송시열(宋時烈, 1607～1689)이 썼다. 시도 좋고 글씨 역시 달필의 초서였다. 당나라에서 벼슬하다 돌아와 기울어 가는 신라의 국운을 만회하려다가 실패한 문인이며 대학자인 최치원의 만년사상과 생활이 잘 나타나 있는 시이다.

사실 최치원은 이 가야산 속에서 살다가 어느 시기에 죽었다고 전해지고 있다. 금년 조은산이란 사람이 대통령에게 시무상소(時務上疏)를 올렸다고 화제가 되었는데, 그 상소의 시작이 바로 최치원이었다.

그때 58년 전, "숙소는 정했나?"고 물으시던 스님의 40주기 기신제(忌辰祭)가 바로 오늘이다. 함께 갔던 친구들도 역시 이제 모두 다시 만날 수 없으니 60년의 세월도 너무 짧은 시간이었다고 생각하며, 장경

각(藏經閣) 앞과 런닝셔츠 바람으로 〈농산정〉 시를 탁본하던 사진 두 장을 보며 그날의 해인사를 다시 생각한다.

감은사와 대왕암

해방 직후인 초등학교 3학년 때부터 즐겨 읽던 《조선사화집》에서 신화처럼 신비스럽고 이해되지 않는 일화가 있었다. 《삼국유사》의 '일만의 파도를 쉬게 하는 피리'라는 뜻인 '만파식적(萬波息笛)'과 '만만파파식적' 두 이야기이었다.

그 이야기는 신라 신문왕이 동해 바닷가에 감은사(感恩寺)란 절을 지었는데, 바다 가운데 작은 산이 감은사를 향해 오고 간다는 것이었다. 국왕이 일관에게 그 까닭을 물으니 문무왕이 해룡이 되고 김유신이 대신이 되어 신라를 수호하니 바닷가에 가면 큰 행운이 있을 것이라 하였다. 왕이 바닷가 이견대(利見臺)에서 사람을 시켜 조사하니 거북과 같은 작은 산 위에 대나무 한 그루가 있는데 낮이면 둘이 되고 밤이면 하나로 합친다고 하였다. 국왕이 섬에 가서 용을 만나 대나무로 피리를 만들라는 이야기대로 돌아와 피리를 만들어 차월성천존고에 보관하였다. 이 피리를 불면 병화(兵禍)가 물러가고 질병이 없어지며 천후(天候) 기절되어 가뭄과 홍수 및 풍해가 없어져서 국보가 되었다.

이해할 수 없는 신화나 설화로 생각하던 의문은 1960년대 후반에 풀렸다. 동국대학교 황수영 교수가 감은사 앞 바다 가운데에서 신라 통일

문무왕을 수장한 터를 발견하여 그 후 이를 대왕암(大王岩)이라고 불렀다.

황 교수는 그의 은사 고유섭 선생이 쓴 〈잊지 못할 바다〉라는 글을 오랫동안 생각하다 이를 발견한 것이다. 이로써 섬에 있는 산이 움직인다든가 대나무 이야기는 사실이 아니지만, 문무왕의 수장과 이견대나 특히 감은사를 지은 역사를 알게 된 것이다.

신라의 제30대 문무왕 법민(法敏, 661-680)은 29대 무열왕 김춘추 아들이며 김유신 장군 보필로서 668년 고구려를 멸망시켜 삼국통일의 위업을 달성하였다. 대왕이 생을 마칠 때에 우리 반도의 남부를 자주 침입하는 왜구들로 골치를 앓았었다. 문무왕은 유언으로 "내가 죽은 뒤에 동해에 장사지내주면 동쪽의 왜구를 막아 주겠다"고 해서 대왕은 죽은 후 경주 낭산 기슭에서 화장되었다. 그곳에는 지금도 능지탑이 서 있다. 이 유언과 같이 화장된 문무왕의 재는 지금 대본해수욕장에 있는 경주군 양북면 봉길리 해변에서 약 150m 떨어진 바다의 자연암에 장사지냈다고 전해진다.

참으로 드문 일이다. 그 어느 시대 어느 곳에서도 듣기 어려운 이야기이다. 여기에서 우리는 실로 나라나 백성들을 생각하는 그의 갸륵한 마음을 충분히 읽을 수 있는 것이다. 당시에도 왜국의 침입이 매우 심했음을 알 수 있다. 과연 통일을 달성한 왕으로서의 모습을 상상할 수 있는 것이다.

부왕을 동해에 장례했던 신문왕은 이 바다를 자주 찾아 왔을 것이다. 그는 아버지 문무왕의 큰 은혜에 감사하는 뜻으로 남향한 산록(양북면 용당리)에 즉위 다음 해인 682년 감은사를 지었다. 이 감은사 터에는 대웅전 주춧돌과 거대한 두 개의 장대하고 훌륭한 13.4m 삼층석탑(국보 112호)이 옛날 역사를 간직한 채 아직도 우뚝 서 있다.

이 감은사는 다른 사찰과 달리 마루 밑에 공간을 내어 그 밑으로 밀물 시에는 바닷물이 들락거릴 수 있게 지어졌었다고 한다. 지금도 절터 남쪽 아래로는 그때 것이라고 하는 연못이 남아 있다. 이 감은사로부터 바닷가로 가면 거기에는 수중릉을 지켜보았다고 전하는 이견대가 있는데 여기서부터 대왕암까지는 약 150m가 된다.

자연으로 이루어진 암석은 중앙이 十자 형으로 갈라져 그 중간이 움푹 꺼져 있으며 조수가 들락거리기에 알맞게 되어 있다. 이 자연암초 복판에는 큰 암석이 가로질러 놓여있다. 수중릉과 관계가 깊은 것으로 보고 있는 것이 바로 이 커다란 암석이다. 자연석이면서 부근에 갈라진 곳이 많은 암석들과는 달리 다른 곳에서 운반해 놓은 것으로 보인다. 그래서 이 바위 또는 이 바위 아래쪽에 석관이 있을 것이라고 여겨지는 것이다. 아마도 왕을 화장한 유골을 이곳에 와서 뿌렸을 것인지도 모른다. 그렇다면 이 바위 밑에는 아무 것도 없을 수 있다.

멀리 바닷가에서 이곳을 바라보면 그저 의미 없는 암석처럼 보일 수도 있다. 해수욕장이며 또 다른 해변과 마찬가지로 횟집 등 잡상인들이 모여 있는 이곳에 한글과 영어, 일본어로 이 사적의 유래를 설명하는 글이 쓰여 있다.

바람이 센 탓인지 파도는 꽤 큰 소리를 내며 바닷가를 철썩거린다. 《삼국유사》의 〈만파식적〉에서 두 대나무가 합쳐지는 소리가 천둥을 치는 것과 같다고 한 것은 꼭 이 물결 소리를 말한 것이 아니었을까 생각해 본다. 저 파도는 1300여 년간 지금처럼 한결같이 이 해안을 철썩거렸을 것이다. 그리고 문무왕의 유골을 장례한 저 대왕암 주변을 싸고 부딪쳐 왔을 것이다.

오늘날 세계 문화유산으로 한국인이나 예술 애호가들의 사랑을 받고 있는 석굴암은 바로 이 대왕암을 향해 끝없는 고마움과 또 안타까움이 함께 어우러진 신라인들의 경건한 마음을 전하고 있을 것이다. 아침에 솟아오르는 태양과 함께 다시 해가 지는 저녁까지 그리고 출렁거리는 이 바닷물 소리는 745m나 되는 토함산 석굴암과 일직선상에서 그 숱한 역사를 함께 지켜보고 있었다.

신라인의 숨결이 살아 숨 쉬고 오래 전부터 우리의 땅을 방어하려던 갸륵한 뜻이 함께 간직되어 온 매우 의미 있는 동해 바닷가이다. 그러므로 '감은사(感恩寺)'는 신문왕이나 그의 후손들만의 마음이 아니라, 모든 신라인, 아니 우리 한반도의 후손들에게 한없이 고마운 이름이고 역사인 것이다. 석굴암에서 여기를 내려다보고, 또 여기서 석굴암을 올려다보면서 나는 새삼 1300여 년 전 역사 속의 신라를 산책하고 있다.

강릉 바닷가 숲속의 향기

오죽헌에서 사임당과 율곡을 만나는 강릉은 바닷가의 절경에서 뿐 아니라, 우리의 사상 문화와 예술의 명승지이기도 하다. 성리학을 통치 이념으로 하던 조선의 학문과 교육에 크게 공헌한 율곡의 탄생과 성장의 고향이다. 학자와 교육자로서 뿐 아니라, 정치인으로서도 그는 국가의 안정과 발전에 크게 기여하였다.

천재적 율곡을 길러낸 어머니의 전형으로서 신사임당 역시 문학이나 예술에 있어서 우리 역사상 보기 드문 전통시대의 여류 문인 예술가이었다. 기호학파의 대 학맥을 이룬 율곡은 조선 전기의 조선유학사에는 물론 현실 정치에도 참여하여 경세에도 불후의 업적을 남겼다.

율곡의 영정을 모신 오죽헌(烏竹軒) 사당 문성사(文成祀)와 김은호가 그렸다는 표준영정과 《격몽요결(擊蒙要訣)》 등은 모두 율곡의 상징이다. 그래서 학문과 예술로 유명했던 모자는 오늘날 유통되는 지폐의 오만 오천 원이나 차지한다.

그러나 율곡이 세상을 떠난 후, 1592년 조선왕조는 역사상 유례없는 대 전란인 임진왜란 참화로 왕조는 재기불능 정도의 붕괴에 직면하였다. 전란 이전 그에게서 만들어진 성리학적인 사상과 문화 질서는 크게 무너졌다. 난국을 극복하고 시대의 과제를 해결하기는 너무 무력하였다.

인류 역사를 지배하는 치국과 위란(治亂)이나, 파괴와 건설(破與立)이란 반복의 진리가 이처럼 빨리 그 시대 사상과 문화 혁신을 요구했다. 위급하고 새로운 시대적 도전이었다. 그런데 이 시대적 요구와 도전에 대한 응답도 또 이 강릉 바로 근처에서 일어났으니, 강릉은 참으로 우리 사상사의 멋진 고향이다.

좌절의 자유인 허균과 허난설헌이 출생했다는 집은 거기서 멀지 않다. 아주 자유롭고 운치 있게 우거진 소나무 숲이 있는 초당동 〈허균, 허난설헌 기념공원〉으로 찾는 이를 사로잡는다. 오죽헌에 비해 서민적이고 자유롭고 한가해 보이는 곳이다. 이곳이 허균(許筠, 1569-1618)과 허난설헌 생가이다. 허균의 아버지 허엽(許曄))의 호이기도 하고 우리가 흔히 즐겨 먹는 '초당' 두부의 본고향이기도 하다.

천재 문인으로 시대를 너무 앞서 살며 홍길동처럼 사회를 개혁하려다 백성을 훔친 죄로 비참하게 처형된 자유인 허균을 우리는 잘 안다. 물론 《홍길동전》으로 더욱 유명하였다. 명문가에 태어나 판서의 서열에 오를 정도로 관도에 성공도 하지만, 계속하는 장원급제와 연속되는 파직에 이르며 처참한 역적으로의 죽음이 그의 숙명이었다.

몇 년 전, 커다란 인기를 누렸던 〈왕이 된 남자 광해〉를 생각한다. 이 영화 주인공 광해군 외 또 다른 주인공이 바로 왕의 비서실장인 도승지 허균이었다. "이 사건이 있은 몇 년 후, 도승지 허균은 1618년 역모의 죄로 처형을 받았고, 광해군 역시 1623년에 왕위에서 쫓겨나 강화도로 귀양을 갔습니다"라는 끝의 대사를 기억한다.

그는 조선왕조 치국 이념인 성리학에 반기를 들고 이단으로 경시하던 불교와 도교를 수용하였다. 심지어 중국을 통해 들어오기 시작한 천주교를 수용하며 찬송가를 들여오기도 했다. "천리를 존중하고, 인욕을 버리라"는 성리학에 반대하여, "정욕은 하늘이 준 것이고, 윤리는 성인이 만든 것이니, 성인보다는 하늘이 더 높다"고 욕망의 자유를 외쳤다. 조선의 성리학, 즉 질서를 확립하는데 크게 기여했던 오죽헌의 사임당과 율곡에 비하면 아주 도전적이다. 강릉의 이웃에서 태어났어도 율곡과 허균의 가문은 이렇게 달랐다.

허균은 새로운 질서를 확립하기보다 불필요하게 굳어진 질서를 파괴하는 작업을 시작했다. 그것은 너무 어렵고 또 위험한 일이었다. 그래서 허균은 《홍길동전》을 써서 서자에 대한 차별과 양반사회의 질서에 대해서 반발했고, 새로운 사회의 유토피아를 향해 상업과 해외 진출을 외쳤다.

아울러 우리는 조선시대에 보기 드문 또 하나의 비극의 천재적 여류시인을 이곳에서 만난다. 허균의 누이 난설헌, 허초희(蘭雪軒, 許楚姬, 1563-1589)이다. 불행한 결혼에 실망하고 그를 받아들일 수 없는 사회에서 살아갈 수 없어 불행하게 생을 마감하지만, 그의 주옥같은 작품들과 자유로운 정신은 그 시대 여류문학과 사상의 한 송이 붉은 꽃이었다.

그러나 이 두 가문의 행복과 불행이나 영광과 치욕에 관계없이 그들의 사상적 문학적인 업적은 올바로 평가되기 시작했다. 허균의 사상적 영향은 조선 후기 실학사조와 문단의 꺼지지 않는 불씨와 지하수로 영원한 생명력을 갖게 되었으니 말이다. 그 점에서는 불행하고 비참한 생애이었지만, 위대하고 영원한 사후의 영향이나 평가이다.

강릉은 혼탁하고 무질서하다며 아우성치는 현대의 복잡한 도시를 훌쩍 떠나 언제나 찾아보고 싶은 곳이다. 혼자 다시 조용히 오래도록 걸으면서 생각하고 싶은 숲이다. 성실하고 맹렬하게 살다 간 영광과 비극을 안은 채 몸부림치던 선인들의 아우성을 듣는 곳이다.

그래서 강릉은 문학과 예술의 향기로 가득한 바닷가 숲속으로 민족의 문학공원이다. 아픔 속에서 굴절하며 전개되던 조선의 사상사를 한 곳에서 느끼며 볼 수 있는 역사의 공원이기도 하다.

밀포드 사운드로 가는 길

한국과 4시간의 시간 차를 갖는 남대양의 구석진 섬나라, 그러나 사람이 적고 자연이 매우 아름다운 뉴질랜드는 면적 27만km^2으로 우리 남북한보다 훨씬 크다. 하지만 인구는 불과 420만으로 서울의 반도 되지 않는 자연을 자랑하는 천혜의 아름다운 관광지이다.

이 나라 최대 도시인 북섬 오클랜드를 한 번 가본 적이 있지만, 이번 여행에서 절경으로 유명한 남섬의 남쪽지역인 밀포드 사운드(Milford Sound)의 협곡을 가보기로 했다. 퀸스 타운(Queens Town)은 스키 등 겨울 운동이 환상적인 곳으로 이름 높다. 이 도시의 작은 공항에 내리면서부터 아름다움에 둘러싸인 주변의 경치에 사람들은 오그라드는 느낌을 감출 수가 없었다.

다음 날 우리는 남섬에서도 서쪽으로 가장 외지고 그러면서도 거리가 멀며 깊은 계곡인 숲과 하천을 거쳐 바다에 이르는 곳을 향해 길을 떠난다. 퀸스 타운을 떠나 약 중간지점이 되는 테 아나우(Te Anau)라는 작은 마을에 이르는 약 172 km를 지나는 동안 그저 감탄과 황홀함으로 입이 다물어지지 않는다.

'뉴질랜드는 물과 구름의 나라'라고 했던 것처럼 우리가 달리는 계곡의 오른쪽에는 100여km 동안 그저 맑은 호수가 계속되고 그 건너편으로는 험준한 산들이 아직 떠오르지 않는 태양을 향해 하늘로 치솟고 있다. 많은 사람과 자동차 홍수로 일상화된 우리 생활이 어떻게 이처럼 조용한 정적을 깨뜨리며 달리고 있는지 실감이 나지 않는다. 2차선으로 가끔 마주쳐오는 자동차 이외에 사람을 거의 볼 수 없는 곳, 바다처럼 넓은 호수를 건너 산 중턱에 마치 빨래처럼 걸려 있는 흰 구름이 한가로와 보인다.

어떤 산은 구름 위로 높이를 뽐내며 솟아있고, 어떤 구름은 산봉우리와 함께 모두를 그의 가슴 속에 품어버리기도 한다. 또는 갓 틀어놓은 하얀 솜처럼 여기저기 흩어져 조용히 걸쳐 있는 구름들. 거기에는 그저 정적만이 흐를 뿐 자연과 물과 구름과 산, 이들이 전부이다. 이 고요함을 뚫고 달리는 자동차 소리가 오히려 자연의 아름다움을 해칠까 두려운 마음뿐이다.

두 시간쯤 달렸다고 생각했을 때, 갑자기 안개가 끼면서 해가 떠오르기 시작하였다. 안개 낀 들판과 언덕에는 시커먼 소들이 풀을 뜯고 하얀 양 떼들이 들판을 뒹굴거나 풀을 찾아 걷는다. 좁은 풀밭에서 먹이다툼을 하는 것이 아니라 넓고 넓은 들판에서 한가로이 즐기며 풀을 찾는 것이다. 인구 420만에 양이 6,000만 마리나 되고, 소가 무려 1,000만 마리라는 이 나라의 자연, 그리고 그 안에서 만들어내는 낙농의 환경친화적 모습은 우리의 상상을 초월하고 있다.

어쩌다 마을을 지나치긴 하지만 휴게실 하나 볼 수 없다. 시간에 쫓기어 급히 달리면서 간혹 과속하며 앞지르는 자동차에 긴장하기도 하지만, 사람을 자주 만날 수 없으니 이 들판에서 몇 시간 만에 벌써 사람이 그리워지기도 하다. 두 시간 좀 달렸을 때 드디어 아침을 먹을 수 있는 작은 마을인 테 아나우에 이르렀다.

식사 중 우리의 목표지인 밀포드 사운드 안내 책자를 들여다보니 여기서 121여km나 된다고 한다. 우리가 달려온 길처럼 호수를 낀 그러한 지형이리라고 믿었던 것은 전혀 빗나갔다. 내가 잘 아는 광릉의 아름다운 숲속처럼 계속 연결되는 밀림 속에서 참으로 우리는 원시의 시간을 체험하는 듯했다. 길 옆까지 늘어져 오는 나뭇가지는 물론, 하늘을 볼 수 없는 울창한 수목 속으로 우리의 차는 그냥 질주한다.

거기서도 마찬가지로 어느 한곳에서 식사를 하거나 자동차에 기름을 넣을 수 있는 휴식처도 없다. 120km를 가는 동안 단 한곳에서 화장실을 보았을 뿐이다. 그리고 우리는 아름다운 산 속에 펼쳐진 자연을 감상하며 사진을 찍을 수 있는 길 옆 몇 공간을 발견할 뿐이다. 만일 이런 곳에서 길을 잃거나 자동차 기름이 떨어진다면 커다란 낭패를 볼 수 있을 것 같다. 길은 여전히 왕복 2차선으로 달리는데 가끔 관광버스나 소형차를 보는 것 뿐이다.

드디어 울창한 숲을 벗어났다 생각했을 때 어느 정도 앞이 트이며 웅장한 산들이 나타난다. 새파란 하늘 아래 구름이 두둥실 떠다니는 가운데 웅장한 봉우리들이 하늘로 치솟고 있었다. 그 웅장한 산들에 넋을 잃었다. 산 위는 흰 구름인가 했더니 얼어붙은 눈이었다. 이곳 계절은 우리와 반대로 여름이었으니 산 밑 여름에서 산 위 겨울을 함께 느끼고 있는 것이다. 그래도 산 위 얼어붙은 흰눈 밑으로 흘러내리는 물이 폭포를 이루고 있어 장관이다.

한편 산비탈에는 거대한 바위가 무너져 내린 것처럼 주저앉은 덩어리가 바로 눈이었다. 저런 것이 빙하시대의 한 모습이었으리라. 새파란 하늘 아래 폭포가 내리쏟고 산들은 병풍처럼 둘러 있어 그 산에 취해 차를 세운 관광객들은 사진을 찍느라고 바쁘다. 하지만 그 작은 렌즈에 어떻게 이 많고 거대한 자연을 담을 수 있단 말인가!

목표지인 밀포드 사운드에 이르니 관광객들이 붐비고 10분 후에 우리가 예약한 유람선이 떠났다. 물빛은 푸르다 못해 검은데 사람들을 가득 태운 유람선들이 하늘을 향해 마음껏 치솟은 계곡 같은 산 사이를 전속력으로 달려 나간다. 중국 계림에서 계속되는 산봉우리를 보듯 이곳 좁은 바다를 사이에 둔 산들의 절묘한 곡예가 참으로 별다른 세계로 우리를 인도한다. 가히 자연 세계문화유산이라고 할 만한 곳이다. 북유럽 노르웨이 근해의 북해와 알프스 산의 절경이 이곳과 함께 산과 물의 3대 명승으로 꼽는다. 이 때문에 수상 헬렌 클라크는 작년에 세계 환경 대상을 받기도 하였다.

한곳 절벽에서 구리와 금광 등 층이 있다고 안내자는 설명한다. 조금 더 간 곳에는 양지바른 바위 위에 물개와 바다사자들이 방금 뛰쳐나온 탓에 물을 흘리며 햇볕을 즐기고 있다. 바다를 헤엄치던 돌고래들이 갑자기 다가온 유람선들을 환영하듯 배 주위로 몰려들어 물 위로 치솟아 오르거나 몸을 뒤집어 재주를 부린다.

돌아가는 길도 즐겁고 새롭기는 마찬가지로서 오히려 석양에 지는 해와 함께 흰구름 속에 가물거리는 산봉우리들이 더욱 절경이다. 200여m 가파른 절벽에 물을 내리붓고 있는 폭포 아래에서 유람선은 잠시 멈춘다. 물을 흠뻑 맞아야 하기 때문에 사진을 찍는 것도 좋지만 한편 비옷을 입지 않으면 옷이 젖고 카메라의 렌즈가 젖어 피하고 떠들며 아우성들이다.

어쨌든 퀸스 타운에서부터 밀포드 사운드까지 명승지는 무려 307km로서 보통 다섯 시간이나 소요된다. 우리가 아침을 먹던 테 아나우에서 퀸스 타운까지도 172km나 되고 거기서부터 이곳까지 120여 km가 되니 우리는 이날 무려 430km 정도의 자연 속을 휘젓고 다닌 셈이다.

동양의 사상이나 특히 미술이 서양에 비해 사람보다 자연을 훨씬 중요시했다고 하지만 여기 와서 보는 느낌은 오히려 이곳의 자연이 사람을 압도하고 있는 것이다. 사람의 존재란 어느 구석에서 거의 보이지도 않고 거대한 그리고 유구한 자연만이 원시적인 그 상태를 많이 간직한 채 세월을 지속하고 있는 느낌이다. 문명이란 자연을 극복하는 장점이 있지만 또 한편 자연을 파괴하는 역기능도 있음을 이곳에서 더욱 많이 느끼게 된다. 그 어느 시기 사람도 거의 살지 않았던 이곳에 마우리족이 천 년 전부터 살기 시작했고 1840년 경 영국인들은 이곳에 들어와 새로운 식민지를 만들었던 것이다.

중국에 들어와 아편전쟁으로 동양을 굴복시킨 영국인이 이곳 뉴질랜드에 와서는 마우리족과 자연을 굴복시킨 것이 거의 같은 때이다. 특히 이곳에는 길이가 4m나 되어 날지 못하는 새가 있었는데 마우리족에 의해 멸종되었다고 하니 그 또한 안타까운 일이다.

특히 오늘 뉴질랜드 사람을 상징하는 낱말이 '키위'인데 이 키위라는 새, 역시 날지 못하는 새라는 뜻이라고 한다. 인류가 날지 못하는 자연과 생태계가 다른 어느 곳에 비해서도 훨씬 덜 알려진 현대 국가가 바로 뉴질랜드가 아니겠는가. 그리고 오늘날 뉴질랜드인은 자기들을 키위(Kiwi)라고 부른다.

새파란 하늘 아래 가벼운 구름장 위로 산봉우리가 가물거린다. 산 아래 계곡에는 폭포가 떨어지고 또 그 옆에는 눈사태가 지고 있으니 이런 곳이 바로 신선이 산다는 선경이며 무릉도원이 아니겠는가.

계곡을 지나면서 으르렁 콸콸 흐르는 물이 마치 은빛 옥처럼 흩어진다. 바로 이런 곳에서 높은 관직을 하라는 임금의 말을 듣고 소부(巢父)가 그의 귀를 더럽혔다고 강물에 씻었다고 한다. 그 아래에서 소에게 물을 먹이던 허유(許由)는 소가 더러워질까 봐 그대로 끌고 갔다는 그 옛날 중국의 일화가 있다. 높은 관직과 부귀를 헌신짝처럼 버리고 자연을 좇는다는 사람들이 머물고 걸으면서 문답하고 싶은 곳이 바로 이런 곳이 아니겠는가.

독일이 일깨워 준 삶의 가치

전쟁 속의 중학교 3년

6월 25일 오전, 38선 지역의 고향 가는 버스를 기다리다 전쟁을 만났다. 이 전쟁으로 27일 밤 첫 피난민으로 비 내리는 한강 무수막(옥수동)을 건넜다. 그 후 고향 포천에서 반년 동안 대한민국과 북한의 치하가 6번이나 바뀌는 전쟁터에서 살았다. 1·4후퇴에서 길이 막혀 한겨울 동안 방공호를 드나들고 중공군이 민가에서 들어와 숙식하는 생각하기 어려운 경험도 했다. 자다가 무장 공비 출현으로 뒷산으로 피신도 하고, 15살 때 총격에 의한 아버님의 최후를 보면서 다시 피난민 대열에 서기도 했다.

그래서 나의 중학교 과정은 1년 반이 지난 1951년 11월 말에야 겨우 고향에서 다시 시작되었다. 건물도 없는 학교는 민가나 천막에서 시작되었다. 군사 훈련도 받고, 6·25남침에 대한 항의 기념행사도 하고, 1953년 7월 27일 휴전협정 반대 데모도 하고 나니 졸업이었다.

고향 포천은 도로 포장은 물론, 전기도 안 들어오는 산골이었다. 중공군을 비롯한 미군과 유엔군 10여 개국 군대를 보며 조금씩 세계와 접

축하게 되었다. 시골장 마당 땅바닥에서 산 《플루타르크 영웅전》으로 지중해 고대 유럽을 읽었다. 글 모르는 사람들에 대한 문맹 퇴치 교육도 해보았다. 글 모르는 어머니와 아내를 위해 군인 간 아들이나 남편에게 편지도 써 주었다.

독일 하이델베르크 대학 로렌즈(Eckehart Lorenz) 목사

서울 중고등학교 역사 교사로 재직 중, 독일 하이델베르크 대학으로 유학의 길을 떠났다. 아무런 재정적 능력도 없는 처지에서 글자 그대로 모험이고 만용이었다. 다행히 1970년대에도 독일에는 등록금이 없었지만, 생활비는 스스로 마련해야 했다.

나는 대학의 중국학과에서 연구 조수로 일했고, 전야정리측량으로 하이델베르크 교외의 벌판을 헤매느라 얼굴이 새까매지기도 했다. 석사 학위를 마칠 때까지 교회재단의 작은 지원도 받았다. 그런데 석사를 마치고 박사학위과정을 시작하게 되어 안정적인 학문의 집중을 위해 장학금은 절대적으로 필요하였다.

그러나 당시 독일 장학제도에서 연령 상한이 32세까지여서 이미 자격이 상실된 상태이었다. 그때, 평소 한국에 대해 관심이 많은 대학교회 목사인 에케하르트 로렌즈 박사가 내게 왜 박사학위 장학금을 신청하지 않느냐고 근심스럽게 물었다. 내가 이미 신청요건인 연령의 한계를 넘었다고 하니, “예외 없는 법칙은 없다”면서, 다음 날 자기 사무실로 오라고 했다.

우리는 유명한 철학자의 길 밑에 있는 그의 사무실에서 그림 같은 네-카강과 고 시가를 보면서, 로렌즈 목사는 프리드리히 에베르트 장학재단에 내 추천서를 비서 엘리자베트 여사에게 구술하기 시작했다. 그의 내용을 나는 아직도 대략 기억한다.

"하이델베르크 대학에서 역사를 공부하는 한국 학생 신용철은 처절한 전쟁터에서 자라며, 이때에 아버지도 비참하게 잃었습니다. 그래도 중고등학교에서 우등생이었고 학생 회장으로 가난 속에서 글을 못 배운 문맹들을 가르치기도 했습니다.

특히 하이델베르크 한인회장으로서 어려운 외국생활을 하는 사람들을 위해 안내와 친목 활동을 합니다. 더욱이 몇 분의 목사님과 한인 신자들을 위한 교회를 조직 운영하며, 아직 한국어를 모르는 아이들이나 한국인과 결혼한 외국인 배우자를 위해 한국 정부도 못 하는 주말 어린이 한글학교를 운영하고 있습니다.

귀 장학재단의 규정에 따르면, 이 학생은 늦게 공부하느라고 신청 연령제한을 초과해서 신청조차 불가능하다고 합니다. 하지만 원래 사회민주당 귀 재단은 바로 이와 같이 어려운 환경 속에서도 적극적인 사회참여 및 봉사활동을 하는 학생을 돕는 것이 중요한 목표가 아니겠습니까? 그래서 나는 하이델베르크 대학교회 목사로서 이 한국 학생에게 장학금 신청 기회를 주기를 진심으로 바라며 추천합니다."

로렌즈 목사의 이 놀라운 추천서 구술 내용을 들으며 나는 전쟁 시기를 회상하며 감동으로 눈시울이 뜨거워졌다.

프리드리히 에베르트 (Friedrich Ebert) 장학 재단

로렌즈 목사의 이 추천 서신에 대해 장학재단은 바로 장학금 신청서 등을 제출하라는 서신을 보내왔다. 전공과목과 부전공 등 세 분 교수의 성적을 포함하는 추천서와 함께 한 주일 동안 개최되는 장학생 선발 세미나에 참석하라는 조건을 요구했다.

곧 이어서 나는 사회민주당 정치교육기관인 향토 민족고등학교에서 열리는 세미나에 참석했다. 세미나 주제는 〈핵(核)에너지와 인류생활의 질적인 향상〉이었다. 나에게 이 주제는 언어능력에서 뿐 아니라 물리학이나 독일 사회정책 및 노동문제와 연관된 내용으로 엄청난 부담이며 도전이었다. 이 세미나에서 나는 물리학 교수의 핵폭탄과 원자로에 관한 매우 상세한 실제적 공부이었고, 행정적이나 에너지 정책에 관해 많이 배웠다. 이것은 내가 장학금을 받고 안 받는 문제가 아닌 우리 인류가 직면한 에너지 정책의 문제임을 배우게 된 것이다.

3일의 강의를 거쳐 2일간 이 핵 문제에 관한 참가자들의 찬성과 반대 토론이 있었다. 사실 나에게는 너무 어려워 토론에 참가할 엄두가 나지 않았지만, 나는 유럽인들이 접근하기 어려운 엉뚱한 화두로 끼어들었다.

"중국에서는 이미 2500여 년 전부터 이 문제를 심각하게 토론했다."

우선 모든 토론자들의 커다란 관심을 끌기에 충분했다. 그것이 무엇이냐? 나오지 않을 수 없었다. 나는 중국 고대의 사상가 노자(老子) 무위자연설(無爲自然說)을 설명하면서, "인간들이 쓸 데 없는 일을 하지 말고 자연(自然)으로 돌아가라!"라는 외침이었다고 했다.

토론자 중, "그것은 너무 형이상학의 철학이어서 우리의 주제와 맞지 않는다"는 반론에, "나는 노자의 사변철학이 아닌 실용적인 생활철학을 이야기한다"고 대답했다. 노자의 무위자연설로서 인간의 불필요한 행위 없이 자연을 보존해야 한다는데 논점을 맞추었다. 사실 오늘날 우리 코로나 시대의 궁극적 해답도 여기에 있지 않을까? 서양인들 앞에서 이 생소한 토론 덕인지 모르지만 장학금 혜택을 받게 되었다.

프리드리히 에베르트 장학재단은 독일 바이마르 공화국 초대 대통령 프리드리히 에베르트(Friedrich Ebert, 1871-1925)의 이름에서 유래한다. 에베르트는 초등학교 4학년 중퇴 학력으로 노조와 언론가였다. 1차 대전 후 혼란기에 사회민주당 대통령으로 전후 독일의 분할을 막고, 특히 칼 마르크스의 극단적 공산주의를 중도의 사회민주주의로 독일의 미래를 열었다. 즉 소련이 채택한 마르크스의 과격한 공산주의에서 사유재산과 의회민주주의를 인정하는 사회복지 국가를 목표로 한 것이다.

그러나 그는 귀족 장군 등 보수 우파와 노동자 계층 극좌파 양측으로부터 심한 압박을 받아 맹장염으로 1925년 병사했다. 그리고 독일은 그 위기를 극복하지 못하여 1933년부터 히틀러 나치시대로 연결되었다.

"고향 하이델베르크 공동묘지에 장례하고 그 비용을 절약하여 농민과 노동자 자녀들을 위한 장학기금을 만들어라"는 유언에 따라 1925년부터 프리드리히 에베르트 장학장재단이 설립되어 오늘에 이르렀다. 따라서 사회민주당의 이 장학재단은 95년 역사를 갖는다. 내가 유학하던 1970년대에는 그의 정치적 후계자인 빌리 브란트와 헬무트 슈미트 사회민주당 연합정권이 서독 발전과 동서독 통일의 기초를 닦았다.

이 장학재단에서는 당시 전 서독 10여 곳에 향토민족고등학교를 세워 시민 정치교육을 실시하고 있다. 그리고 세계 여러 나라에 그의 정치적 목표 구현을 위한 연구소가 설치되었는데, 우리나라에도 서울 종로구 돈화문 앞 삼화빌딩에 사무소가 있다.

독일은 나에게 '삶의 가치'를 일깨워 주었다

매우 긴장하며 정신력을 집중했던 한 주간 세미나로 집에 돌아온 다음 날인 4월 22일, 아침에 일어나지 못할 정도로 지쳐버렸다. 그리고 한 달 후인 5월 29일, 장학금 수혜자로 연락을 받았다. 무어라 형언할 수 없는 마음으로 눈물이 핑 돌았다.

장학금을 받는다는 사실 못지않게 전쟁 속에서 살아온 나의 소년시절이 새삼 회상되었다. 그리고 어려움 속에서도 보상을 생각하지 않고, '마음에서 그렇게 하지 않을 수 없었던' 문맹 퇴치 같은 봉사나 전쟁으로 아버님을 잃은 슬픔 등 우리나라에서는 어떤 위로나 혜택도 받지 못했는데, 어떻게 아무런 관계도 없는 독일 목사가 관심을 갖는 것인가? 그뿐 아니라 독일에서 한인회 회장이나 주말 한글어린이학교 및 한인교회 조직운영은 모두 한국을 위한 것인데, 어떻게 한국이 아닌 독일이 나에게 혜택을 주는 것일까?

전쟁터에서 14살 때 아버님을 총상으로 사별하고서도 애써 울지 않았던 나는 사실 독일에서 받은 프리드리히 에베르트 재단의 장학금으로 눈물을 감추지 않았다. 그때 독일은 나에게 박사학위 장학금을 주었지만, 사실 그보다 더욱 중요한 것은, 우리 '삶의 질과 가치'를 일깨워준 것이라고 생각하였다.

아울러 20세기를 주도한 학문과 사상적으로 소련과 같은 급진적 마르크스주의와 '필요한 만큼 계획하고, 효율적인 한에서 경쟁하는' 사회민주주의도 알게 된 것은 역사학도로서 큰 행운이었다. 즉 의회민주주의와 사유재산을 인정하면서 최대한 사회보장제도를 택한 사회주의의 지혜를 이해한 것이다.

지금도 매년 초에는 프리드리히 재단 한국 사무실로부터 200유로(약 27만 원) 상당의 책을 신청하라는 연락을 받는다. 그래서 금년에도 귀중한 책을 받으면서 42년 전, 하이델베르크 대학에서의 학생시절과 독일 프리드리히 에베르트 재단을 생각하며 진심으로 감사하는 마음이다. 이 글을 쓰는 동안에도 에베르트 재단으로부터 보내온 잡지 'info'를 받았다.

고성에 울려 퍼진 애국가

"그동안 안녕하십니까? 머나먼 타향의 고달픈 유학 생활 중에도 귀여운 어린이들이 건강하게 크는 것과, 우리들에게 그처럼 어려웠던 독일어에 빨리 익숙해지는 모습들을 매우 대견스럽게 지켜보고 있습니다. 그러나 어느새 우리 아이들은 한국어를 거의 못하거나 전혀 할 수 없는 것을 발견하고 놀라는 것은 우리들 모두의 답답한 심정입니다…. 함께 모여 이 안타까운 현실을 같이 의논해 보시지 않겠습니까?"

이렇게 발기해서 시작된 주말 어린이 한글학교가 독일 유서 깊은 대학 도시인 하이델베르크에 세워진 것은 1977년 봄이었다. 어린이 한글학교라고 하지만, 실은 40대 미국 및 일본인 어머니들과 그들의 유치원 어린이에 이르기까지 연령 분포는 다양하였다.

더욱 힘든 점은 한국어를 상당히 하는 아이들과 전혀 할 수 없는 아이들의 수준을 맞추기가 매우 어려웠다. 독일에서 태어난 아이들은 '그'자나 '여'자 등 독특한 우리 발음을 여러 번 되풀이해도 잘 되지 않아 함께 웃곤 했다.

나는 이 학교 교장 겸 국어교사로서 독일어로 우리말을 가르쳐야 했는데, 배우는 아이들이 나보다 독일어를 더 잘해서 민망할 때가 한두 번이 아니었다. 또 한 분 교사는 현재 연세대 법학과 이형국 교수로, 바이올린과 피아노를 연주하면서 아이들에게 음악을 가르쳤다. 특히 이 분은 유학 차 프랑크푸르트 공항에 도착하던 날 휴대한 짐이 늦어서 미처 도착 못했으나, 항상 아끼는 바이올린만은 들고 올 정도로 음악을 좋아하는 분이다.

한국어를 가르치기 위해 교재를 만들기도 하고, 카톨릭 문화기관의 도움을 받거나 대학 동양학과에서 한국 문화재에 관한 슬라이드를 빌려 보여 주어 아이들에게 시청각 교육을 시도하기도 했다.

음악은 '애국가'나 또는 '아리랑' 같은 우리 민요들을 자주 들려주었다. 그런데 그곳은 작은 도시여서 한국인이 많이 살지 않아, 근 100여 리나 떨어진 곳에서도 주말의 이 한글학교를 찾아올 만큼, 부모들의 열성이 지극해서 우리는 힘을 얻곤 했다.

아이들이 수업을 받는 토요일 오후 시간에는 부모들이 시장을 보거나 함께 모여 앉아 타향살이의 고달픔과 모국에 대한 이야기로 꽃을 피웠으니, 이 학교는 어른들의 친목과 교류의 장이 되기도 한 것이다.

여름이면 학교는 하이델베르크 옛 성의 정원 안에 있는 국제어학연수원(ISZ) 교실을 빌려 쓰고 있었다. 이 고성(古城)에서는 이 도시를 무대로 한 낭만적 소설인 '황태자의 첫 사랑'(Student Prinz)이 매년 여름밤에 공연되기도 한다.

교실에서는 계곡을 가르며 흐르는 네-카강과 그 위를 한가로이 다니는 흰 돛단배들, 젊은 학생들의 요트 경기하는 모습이 그림처럼 보여지곤 했다.

그 강 건너편에 긴 낚싯대를 드리고 앉은 태공족들 뒤로, 이 도시의 명승인 '철학자의 산책로'(Philosophenweg)에 여기저기 피어나는 울긋불긋한 꽃들이 이 대학 도시의 낭만과 지성을 한층 빛내 주는 듯하였다. 이 아름다운 모습에 취하면서 어린아이들에게 우리말을 가르친다는 것은 참으로 보람 있고 흐뭇한 일이었다.

4월 주말 오후에 어린이 학교가 문을 열던 날, 학부모들과 아이들은 마치 축제와 같은 기분으로 교실에 모여들었다. 나는 발기문을 쓸 때의 심정처럼, 내가 세웠던 작은 꿈이 실현되는 모습에 취해 약간 흥분되어 들떠 있었다.

한국인들이 함께 모여앉은 자리에서 독일어로 재잘거리며 호기심으로 가득 차 있는 어린이들 모습이 더없이 귀여웠다. 그 날 날씨는 제법 싸늘했고, 바람과 함께 궂은 비가 뿌려 독일 속담처럼 '짓궂은 4월 날씨'였다. 그러나 어린아이들과 함께 애국가를 부르는 순간 우리들의 마음은 벅찬 감격으로 차오르고, 이 학교를 세우기 위해 동분서주했던 몇 개월간의 고달픔이 봄눈처럼 녹아버렸다.

애국가를 부르며 우연히 창밖을 내다보니, 그처럼 짓궂던 날씨가 어느 사이에 아주 맑아져 방금 비에 젖은 나뭇잎들 위에 따사로운 햇살이 쏟아지고 있었다. 이 밝고 화사한 빛을 받으며 탐스럽고 하얀 목련꽃 송이들이 방긋이 웃는 듯 피어나고 있는 것이 아닌가? 얼마나 아름답고 신기하고 반가운지 나도 모르게 함성이 터져 나올 것만 같았다. 이 아름다운 목련꽃 송이들은 마치 오늘 우리의 개학을 축복해 주기 위해 준비하고 있었던 것 같았다.

프랑크푸르트 국제 도서전 징소리

무역액에 있어서 한국은 세계 11번째 경제대국이다. 특히 스포츠에서는 월드컵 축구경기나 야구경기에서도 세계 4강에 들 정도로 강국이다. 1950년 한국 전쟁이래 우리나라는 가장 많이 알려져 세계가 놀라고 있다. 그러나 한 나라와 민족의 총체적 역량을 보여주는 문화는 그에 비해서 유럽 사회에 아주 적게 알려졌다. 우리의 문화는 거대한 동양문화의 상징이며 문화 대국인 중국의 그늘과 근세에 와서 서구세계에 앞서 진출했던 일본의 그림자에 가리어져 구분되기가 쉽지 않기 때문이다.

그래서 한국 정부는 2005년 10월 독일 프랑크푸르트에서 열린 제57차 국제도서전시회에 주빈국으로서 우리의 문화를 전 세계에 알리는데 총력을 기울였다. 경제와 스포츠뿐 아니라 문화적으로 유구하고 우수한 민족임을 알리는 아주 좋은 기회였다. 주빈국으로서 독자적인 전시장을 비롯하여 4관인 한국관에서 우리의 출판물들을 전시 소개하고 있었다.

이 사업의 하나로 1930년대로부터 1960년대까지 출생을 고루 포함하는 8명의 대표적 작가 작품이 번역되어 독일에서 출간되었다. 하나는 한국에서부터 이 중의 몇 작품을 서울대 독어교육학과 이광숙 교수가 번역하였다. 1년간 독일의 에어푸르트(Erfurt) 대학에서 연구하는 동안 이 대학의 실비아 브레젤 박사와 함께 독일의 유명한 출판사인 dtv(독일 페이퍼 백 출판사)에서 《한국대표작가선, Korenische Erzhaelung-en》으로 출간하였다. 작가의 의도, 번역자의 번역과 출간자의 의견을 조율하는 것은 참으로 힘들었다. 진정한 문학작품 번역이 진정 가능한지를 자주 의심도 해보았다. 그래서 한 작가는 "번역된 내 작품은 헤어진 옛 애인이 내 아이라고 데려 온 아이" 같다고 표현하였다.

전시 중, 한국을 홍보하고 있는 건물 밖 아고라 광장에는 독일을 비롯하여 많은 유럽의 언론인들이 모여 들었다. 그들은 잘 알려지지 않은 나라 한국에 대해서 그 문화의 정체성이 무엇이냐고 자주 나에게 물었다. 중국과 일본으로부터 구분되는 한국만의 정체성이 그들에게는 궁금하기 때문이다. 그러나 이 대답은 실로 간단하지 않다. 우리는 이 문제에 대하여 흔히, '은근과 끈기'나 '한(恨)'을 말하기도 하지만 그것은 별로 바람직한 정의는 아니다. 중국의 유교나 인도의 불교처럼 우리 문화의 정체성은 간단하고 독특한 이미지를 말하기는 쉽지 않다. 나는 얼떨결에 '역동성(力動性)과 유구(悠久)함'이라고 했지만 만족스러운 대답이 되기에는 불충분하다.

전시회가 끝나가는 토요일, 가을비가 조금 뿌리는 가운데 독일 민주주의를 위해 유서 깊은 바오르교회 주변에서 간단히 점심을 마치고 우리는 서둘러서 국제도서전의 제4관인 한국관으로 향하였다. 이곳의 발표장에는 이날 오후 독일어로 번역된 《삼국유사(三國遺事)》 독일어판을 축하하는 출판기념회가 열렸다. 행사 주최자를 비롯하여 번역을 맡았던 레겐스부르크대학 베커스 김영자 박사와 한국과 독일의 관람객들이 몰려들고 있었다.

우리가 다 잘 아는 바와 같이 야사로서 《삼국유사》는 정사인 김부식(1075-1151)의 《삼국사기》와 함께 고려시대에 쓰여진 귀중한 역사책이다. 13세기 유라시아 대륙을 휩쓴 세계 제국인 몽골의 침략을 받으면서도 우리 민족의 불굴의 강인함을 보여준 문화적 대성취였다. 이 위업을 이룬 인각사의 일연(一然, 1206-1289) 선사는 이 책 속에서 《삼국사기》에도 빠진 단군(檀君) 개국설화를 비롯하여 불교문화와 우리 언어발달의 역사상 중요한 이두문(吏讀文) 등을 비롯한 귀중한 자료들을 가득 담았다.

이때 국제 도서전시회 한국관인 제4관 발표회장에서 갑자기 웅장하고 특유한 징소리가 울려 퍼졌다. 웅~, 웅~~, 하는 우리의 이 소리는 직선이 아니라 파도를 탄 듯 퍼져나갔다. 사실 사람을 불러 모으는데 이 징소리만큼 효과적인 방법은 없다. 이 소리를 들으며 많은 외국인 관람자들이 신기해서 몰려들었다. 출판기념회는 이렇게 시작을 알렸다.

이 번역을 후원한 한국번역원의 인사에 이어 번역자인 김영자 박사가 화면을 통해 삼국유사 소개와 그에 대한 평가를 하였다. 우리의 고유한 역사와 함께 문화를 세계에 알리는데 아주 좋은 기회였다. 독일 언론의 평가처럼 거대하고 강력한 중국과 일본의 그림자 속에서 가리어졌던 우리 문화적 정체성의 실체를 외국에 알리는 중요한 기회였다. 행사장 앞 테이블에는 번역된 《삼국유사》가 쌓이고 화면에도 비춰지고 있었다.

주빈의 자리에는 삭발한 스님이 주위의 눈길을 끌었다. 경상북도 군위군에서 온 인각사(麟角寺) 주지 스님이었다. 군위군의 문화를 담당하고 있는 문화관광 과장도 참석했다. 그래서 자리는 더욱 빛났고 경사스러웠다. 대단히 어려운 이 번역작업을 완수한 독일 레겐스부르크 대학 김영자 박사의 고생과 노력은 참으로 놀랄만하다. 이날의 출판기념회에 몰려든 참관객의 관심에 출판사 사장도 놀란 듯했다. 책이 팔릴 것 같지 않아 출판을 꺼렸다는 사장은 눈물을 글썽이며 인사말에서 감격하였다.

번역을 맡긴 한국번역원이나 출판사 모두 처음에는 회의적이어서 번역자의 고심이 이만저만이 아니었던 듯하다. 어려운 형편이지만 인각사에서도 이 번역된 삼국유사를 200권이나 샀다는 흐뭇한 이야기를 들으며 우리는 그래도 희망을 느낄 수 있다고 생각했다.

공식 행사가 끝나고 이 날의 출판을 축하하는 여 스님의 승무가 있었다. "얇은 사 하얀 고깔은 고이 접어서 나빌레라. 파르라니 깎은 머리 박사 고깔에 감추이고, 두 볼에 흐르는 빛이 정작으로 고와서 서러워라"로 시작되는 조지훈의 아름다운 시, 〈승무(僧舞)〉를 생각했다. 그리고 징소리가 다시 울렸다. 참으로 감격적인 시간이었다. 사람들이 여기저기서 모여들고 있었다. 스님의 사뿐한 몸놀림이나 율동이 주변을 압도했다. 나도 숙연해지며 눈시울이 뜨거워졌다. 주변 한국인 참석자들도 모두 그랬다. 번역자인 김영자 박사의 눈에서도 눈물이 보였다.

무슨 복잡한 말이 필요하겠는가? 많이 쓸 필요도 없다. 그 징소리는 분명 우리의 것이다. 독일의 기자들이 나에게 끈질기게 묻던 중국이나 일본과 다른 '우리의 특성이고 정체성'은 바로 그런 것이다. 그리고 우리의 '선(線)이고 문화'이다. 웅장하면서도 끊어질 듯해도 끊어지지 않는다. 떨면서 이어가는 그 특유의 웅장함과 강인함 및 유구함, 아마도 이런 것이리라. 그것이 우리의 문화이고 역사이고, 지금 이 자리의 《삼국유사》가 아닌가?

번역자의 서명을 받으려고 《삼국유사》를 사들고 몰려오는 사람들이 길게 줄을 서서 기다리고 있다. 웅장하게 울려 퍼진 이 징소리처럼 《삼국유사》와 우리 문화의 소리는 웅장하고 유구하게 앞으로 전 세계에 더욱 널리 멀리 퍼져나가기를 진심으로 바라고 있다.

까투리 무용단

칠십대 초노(初老)의 경기여고 54회 동창들이 무용하는 모임을 만들었다. 까투리 무용단이다. 친목을 위해서는 물론 늙어가는 체력의 유지와 수련을 위한 무용단이다. 창단된 지 벌써 15년이나 지났고, 인원도 50여 명이나 되니 매우 활발한 모임이다. 한국 무용과 서양 무용 발레를 함께하니 가히 동서양 무용단이라 할 만하다.

이 무용단원들 고등학교 시절에는 한국의 지적수준을 압도하는 여성들로서 졸업 후 각계에서 두각을 나타내며 활동하던 재원들이었음을 말할 필요도 없다. 무용단을 조직하고 지도하는 분들 중, 무용을 전공하지는 않았어도, 음악과 비슷한 전공자로부터 심지어 의사까지 참가자들은 매우 다양하다.

3년 전, 나는 태평양 동쪽 끝의 북아메리카 해안을 따라 크루즈 여행에 아내와 함께 늦게 참가하기 시작하면서 이 무용단을 만나게 되었다. 그러니 참가자로서는 지각생이었다. 여행지의 자연이나 문화도 좋았지만, 함께 여행하는 분들의 분위기는 보다 더 좋았다. 처음 인사할 때 내가 까투리의 상대인 '장끼'라고 했더니 이젠 남성들의 통칭이 되었다.

남편들도 참석하는데, 짐만 들어주는 역할 뿐 아니라 다른 참여도 필요하다고 해서 생각해 낸 기발한 발상은 선상의 공연에서 '강남 스타일'이라도 추면 좋겠다는 것이었다. 이렇게 해서 몸들이 둔한 장끼족의 춤 연습이 시작된 것이다.

발레 담당 의사분 지도로 이 엄청나게 용감한(?) 까투리 무용단 유치원이 문을 열었다. 동작이 잘 맞지 않아도 "아주 잘 한다"는 칭찬(!)도 들으면서 몇 차례 연습하고 나서 대중 앞에서 공연도 해 보았다. 역시 유치원 학생들에겐 칭찬이 제일이란 아주 기본적인 교육의 원리를 소아과 의사인 원장님은 잘 이해하고 있었던 것이다.

사실 나는 시골에서 나서 듣기는 했어도 유치원에 다닌 적이 없는데, 늦게라도 거치는 과정이라고 생각하며 웃었다. 더구나 뒤에는 검은 연예인 모자에 색안경 쓰고, 흰 장갑까지 끼고, 나주 벌판 농어촌개발공사 개청 축하 공연을 사장 부부와 함께했으니 평생에 대단한 사건이 아닐 수 없었다. 우리 '장끼족'들이야 어쩌다 참여하지만, 까투리 회원들은 한 주일에도 3번이나 연습하며 또 축하와 위문 공연도 자주 하고 있으니, 연부역강을 과시하고 있는 것이다. 무용단 조직이나 살림살이를 보면 여러 면에서 헌신적으로 봉사하는 분들의 자세가 아주 돋보인다.

나 역시 평생 교육에 종사했다고 하지만, 교육자로서는 역시 초등학교 교사가 가장 기본적이고 중요하다고 여기서 절실하게 느낀다. '국민의 학교'란 단어가 교육에는 가장 잘 어울린다고 생각한다.

전체 살림을 맡아 잘 하는 분은 물론 모임 홍보와 오락을 담당한 분 역시 기본에서 출발하여 항상 명랑함과 웃음을 잃지 않게 해 준다. 말하자면, "누가 누가 잘 하나?" 기본으로부터 시작되는 것이 중요하고 흥미롭다.

비록 자주 참여하지는 못 하지만 이 모임에서 아주 중요한 인생의 소박한 철학을 배우고 있다. 즉 나이가 많아지면 남자는 여자에 비해 효

용가치가 크게 줄어드는 것처럼, 모든 사람도 능력을 잃어간다. 천하를 주름잡던 영웅호걸이나 절세가인도 이제 좋은 시절은 추억 속으로 사라져간다. 젊은 시절에는 가장 중요하지만, 전혀 신경 쓰지 않았던, '먹고', '마시고', '걷고', '노는' 것을 기본으로 다시 찾게 된다. 그것은 바로 아무런 근심 없이 하고 싶은 대로 삶의 기본을 추구하는 욕구이다. 그래서 예로부터 '늙으면 아이 된다'고 하던 말이 진리임을 느끼게 된다.

우리는 지난날의 열정적이고 또는 투쟁적으로 살았던 날로부터 이제 결국 기본을 쫓는 동심의 세계로 돌아온 것이다. 사실 동심(童心)이 곧 진심이고, 사람 마음의 시작이니 어찌 즐겁지 않겠는가? 평범한 모든 사람이나 성인(聖人)에 이르기까지 동심은 역시 가장 중요한 우리 마음의 도달점인 것이다.

그래서 동심이 강물처럼 넘치는 풍성한 까투리 무용단을 보면서 어린 아이처럼 오늘도 행복함을 느낀다.

지각 예찬

살면서 불가피하거나 또는 무의식적으로 나는 지각을 많이 했다. 학교 수업시간이나 직장 출근 시간처럼 짧고 정확하게 길이를 잴 수 있는 지각도 했지만, 입학이나 취업 또는 결혼 같은 정확한 시간을 계산할 수 없는 지각을 더 많이 했다.

고향이 38선 지역이어서 전쟁 중, 무려 6번이나 남북한이 바뀐 때문에 1950년 6월, 입학했던 서울의 중학교는 중단되었다. 1951년 여름에야 겨우 수복으로 안정을 찾아 11월 26일 고향에 있는 신설 중학교에 입학하였다. 입학 면접에서 정계열 교장선생님은 전년에 이미 중학교에 입학했으니, 2학년으로 입학하라고 나에게 권유했다. "전란 중 대한민국의 모든 학생이 공부를 못했다"는 교장선생님 말씀에도 나는 공부를 하지 않고 어떻게 2학년으로 입학하느냐고 고집하면서 1학년으로 입학하였다.

이것이 6·25전쟁이란 불가피한 운명과 함께 나의 고집스런 선택이 가져온 삶에서 첫 번째 큰 지각이었다. 교장선생님 말씀대로 입학했다면 겨울 방학을 포함해서 4개월 후 3학년이 될 수 있었으나 내 비록 우직해도 잘 결정했다고 생각한다.

고등학교를 졸업하고 악화된 가정 사정으로 진학을 포기하고 2년간 가사를 돕다가 군에 입대하였다. 군을 마친 3년 후, 1960년에 대학을 입학했으니, 군 생활을 제외해도 2년간 지각을 더한 두 번째 지각인 것이다. 그래서 고등학교 동급생들이 대학 4학년이 되었을 때 나는 겨우 신입생이 되었다.

대학 졸업 후, 덕성여중고 역사 교사 시기 나이 30이 넘어서 '노총각 협회' 중요 임원으로 불리며 뒤늦게 결혼하였다. 세 번째 지각인데 햇수를 계산할 수 있는 지각은 결코 아니었다.

결혼 후 뒤늦게 공부를 더 하려고 낯선 독일로 유학하는 모험을 시작했다. 여기서 새로운 말과 글을 익히며 온갖 풍상을 겪고 9년 청춘기를 거쳐 대학으로 다시 돌아왔으니, 참으로 길고 긴 지각이었다. 대학을 떠난 지 16년만이었다. 동년배 졸업자들은 정 교수가 되었지만 겨우 조교수로 시작했으니 외형적으로 엄청난 시간적 차이의 지각을 느끼지 않을 수 없었다.

나는 독일에서 쓴 석사와 박사학위 논문을 한국에서 논문으로는 여러 차례 발표하면서도 우리말로 된 저서는 퇴임 때까지 출간하지 않았다. 부족함이 너무 많아 생각하고 보충하기 위해서이었다. 그래서 2006년 지식산업사에서 《공자의 나라 중국을 뒤흔든 자유인 이탁오》란 좀 긴 제목의 평전을 출간했다. 지식산업사 김경희 사장은 "최소한 30년 안에는 이를 능가할 수 없는 대작"이라 했고, 《동아일보》는 "동양의 루터 부활"이라고 평했다. 이어서 문광부 우수도서로 선정되기도 했다. 서양에서 만나 연구를 시작한 지, 34년 지각한 저서의 보람이기도 했다.

대학에서 역사학자로서 글이야 항상 쓰지만, 글다운 글을 쓰는 것은 너무나 어려움을 느끼면서 만족하지 못하였다. 더구나 중학교 2학년 때부터 글을 쓰고 싶기도 했는데, 역사란 항상 세상과 다른 사람에 대해 쓰다 보니, 나 자신에 대해 쓰고 싶기도 했다. 그래서 자유로운 글로 수필을 써볼까 하던 차에, 1991년 《한국수필》에 등단했다. 같은 학교 국문학과 교수로서 수필가인 서정범 교수님 권유였다. 교무처장 시절, 운동권 학생들과 등록금 투쟁에 휩쓸렸던 혼란기에 글쓰기 초년의 길을 시작했다. 이미 50대 중반이었으니, 참으로 헤아릴 수 없는 또 한 번의 큰 지각이라고 생각했다. 내 삶에서 하도 많은 지각을 했는데, 또 한 번 더 하자는 지각의 중력 같은 시도이었는지도 모른다. 이처럼 내 평범한 삶에서 '지각의 80자술'을 쓰다 보니, 어쩐지 지각은 내 삶에서 뗄 수 없는 한 부분이었음을 느낀다.

그 후 학술적인 글을 제외한 문학성이 있는 글들을 1991년 《한국수필》 51호부터 2023년 5월 339호 오늘까지, 종합문예지 《문예비전》 2000년 5호부터 현재 126호까지 연재하고, 경기도 잡지 《경기인》에도 2009년부터 115호부터 오늘날 190호까지 연재하고 있다.

이처럼 지각은 이제 내 삶에서 항상 함께 따라 온 '동행자'라고 하지 않을 수 없게 되었다. 사실 매사에 민첩하지 못하고 능력이 모자라는 나에게 이 지각마저 없었더라면 나의 삶은 훨씬 더 오그라질 수밖에 없었으리라 생각하면 오히려 고맙기도 하다.

그래서 이제 80해 중턱을 넘기면서 새로운 지각을 애써 바랄 필요야 없지만, 장엄한 인생의 황혼을 어떤 지각이 나의 부족함을 더 보람있게 보충해 줄 것인지 막연한 기대감도 가져본다.

04

등잔불 세대의 촛불 생각

역사 문화의 섬 강화도

분단의 땅 철원을 찾아 역사와 현실을 함께 느꼈던 문비문학회는 두 번째로 서울에서 가까우면서도 국가 방위와 역사 문화 유적지로 가득한 강화도를 찾았다.

김주안 사무국장은 참석한 회원에 대한 소개와 《문예비전》에 대한 설명, 그리고 갖고 온 잡지들을 참가한 사람들에게 나누어주는 친절을 잊지 않았다. 이러한 문화여행에 처음으로 참석한 박홍균 선생은 갑곶나루에 얽힌 선조 박 신에 관한 자료를 뽑아 목청을 돋우어 설명을 하여 참석한 사람들의 박수를 받았다.

강화도에 들어서면서 우리는 군청에 들려 잠깐 휴식한 뒤 홍보 안내 책자를 받고 바로 성공회 성당 입구에 버스를 세웠다. 성당이라 하지만 그러한 우리들의 선입관과는 달리 마치 불교의 사찰과 같은 건물에 대웅전 대신 천주교성당이라 썼고 내부만은 교회였다. 초기 서양문화와 한국문화가 함께 충돌없이 조화를 이루던 교류를 엿볼 수 있어 매우 인상적이었다. 돌아 내려오면서 돌계단에서 함께 기념사진을 찍으면서 아쉬운 발길을 돌렸다.

바로 밑으로 내려오니 아주 좁은 골목길에 조선왕조 25대 철종(哲

宗)이 19세까지 살았다는 용흥궁(龍興宮)에 이르렀다. 물론 그 당시에는 초가삼간이었으니 보잘 것이 없었지만 왕으로 즉위한 뒤 다시 지어 당시로서는 버젓한 기와집이 지어 있었다. 실제로 철종이 머물렀다는 곳에는 조그만 비각 하나가 남아 있다.

이곳으로부터 다시 버스를 타고 우리는 멀지 않은 언덕길을 올라 고려궁지에 이르렀다. 계단이 가파르게 보이는 승평문(昇平文)을 지나니 제법 넓은 터가 앞으로 탁 트인다. 바로 마주치는 계단 위에는 강화유수가 머물렀던 8칸 관저가 보이고 그곳으로부터 서쪽으로는 옛 궁터를 발굴한 곳이 눈에 들어온다. 서쪽에는 일본사람이 가져다가 실패했다는 강화 동종이 있어 고려시대로부터 조선 말에 이르기까지 여러 역사적인 사실들이 스크린처럼 우리 머리 속을 스쳐간다.

강화유수부지 우측에는 발굴하다가 만 곳이 보이는데 이곳이 외규장각(外奎章閣) 터였다는 팻말이 꽂혀 있다. 우리가 잘 아는 대로 학문에 열성적인 정조(正祖)는 궁전에 규장각을 두었고 또 귀중한 문헌이나 은상자 같은 것을 안전한 강화도에 외규장각을 지어 보존했었다. 당시에 그렸다는 지도를 보면 6칸의 아담한 건물이었는데 1866년 병인양요 때 프랑스군에 의해 불탔다. 그 중 근 300권에 이르는 귀중한 도서가 지금 프랑스에 보관되고 있어 반환문제를 둘러싸고 논란이 계속되고 있다.

전등사 앞에 있는 부산식당에 들려 부산하게 식사를 마쳤다. 강화 순무김치나 인삼막걸리가 특히 참가자들의 구미를 돋구어 주었다. 여기서부터 전등사까지는 약 1km쯤 되는데 언덕과 계단이 가파른 곳도 있고 또 삼랑성 문을 들어가 포장하지 않은 길을 걸으니 주변이 절경이다. 낙엽은 이미 가을을 뒤로 하는 듯 하지만 날씨가 별로 춥지 않고 주변 경관이 실로 지나는 사람들을 감탄시키고 있다.

특히 삼랑제 행사로 길 옆에는 줄에다 종이로 만든 등을 전등사까지 꿰어 달았는데 거기에는 '외규장각 도서의 반환' 이란 항의 문구가 쓰여져서 우리들의 눈길을 끌었다. 전등사에 오르는 그 계단은 언제 보아도 참으로 감탄을 금치 못하게 하고 지금 상가가 되고 있지만 대조루 역시 인상적이었다. 마침 대웅전 앞에는 전등사에 근무하시는 총무 스님이 유래를 열심히 설명해 주고 있어 찾는 사람들의 궁금증을 풀어주었다.

한편 옆에는 외규장각 도서 반환을 위한 서명대가 있어 나도 이름을 적어 넣었다. 그곳 공지에는 종이 등이 가득히 걸려 있어 아주 장관이었다. 비록 짧은 시간이었지만 전등사에서 언덕으로 약 500m쯤 떨어진 사고지를 찾았다. 이것은 조선왕조 후기에 조선왕조실록이나 또는 왕실의 족보 등을 보관했던 곳으로서 한일(-)자 건물로서 좌측은 장사각이며 우측은 선원보각이었다.

그 안에 들어가 보니 날씨가 흐려 깜깜한데 전깃불도 들어오지 않아 확실하지 않지만 당시 사진들이 걸려있는 듯하다. 이처럼 새로 지은 훌륭한 역사유적지에 전깃불이 연결되지 않았다는 것은 참으로 아쉬운 일이었다. 내려오면서 길 우측으로 산언덕에는 고려시대에 지어졌었다는 옛 대궐터 즉 궁궐지가 있다. 그곳에도 줄을 매어 종이등을 달았고 밑에는 짚을 깔았으니 여기서 삼랑제 행사를 치뤘던 듯하다. 내려오면서 보아도 엄청나게 많이 달아놓은 등이나 그 밖에 행사준비의 여러 표시들로서 아름다운 자연과 함께 더욱 풍성해 보인다.

여기서 우리는 이제 바닷가 방어유적지를 찾았다. 초지진에 들려 그 당시 쓰던 대포 등 유적지를 보면서 당시 이러한 무기로 선전의 일본 무기와 대항해야 했던 안타까운 역사를 생각하지 않을 수 없었다. 천하의 요새였지만 그것을 이용할 우리의 태세가 전혀 되어있지 않았다. 그 당시 대포를 맞았다는 소나무가 아직도 있어 그 사실 여부를 떠나서 결코 오래지 않은 시간이었음을 실감할 수 있었다.

이어서 우리는 덕진진으로 갔는데 언덕에 올라 시원한 바다를 바라보고 또 김포반도를 건너다본다. 비록 날씨가 흐렸으나 안개 속에서 시상이 절로 떠오르지 않을 수 없다. 저 편 언덕을 건너다보니 잎을 모두 떨궈버린 채 나무 끝에 매달려 있는 빨간 감이 아주 아름다워 보인다.

내려오면서 누각에 초서로 흘려 쓴 한자를 가지고 서로 글자를 맞추느라 이야기가 분분했다. '안해루'라는 것이 지배적이었는데 지나와서 보니 '공조루'여서 모두 한바탕 웃으며 특히 한자의 초서가 얼마나 쉽지 않은가 하는 것을 함께 느꼈다.

이어서 광성보로 가니 언덕으로 계속 천하 요새이며 또 절경이기도 한 용두돈으로 이어진다. 이미 발이 아파 걷기가 힘든 사람들은 여기에 머무르고 아직 지치지 않은 이들은 용두돈을 향했다. 왕복 20여 분은 걸릴 만한데 주변 정경이나 멀리 보이는 바다와 그 건너 성들이 매우 인상적이다. 특히 용두돈은 바다로 돌출하여 마치 올챙이 머리처럼 뻗쳐진 요새 중의 요새였다. 당시 이곳에서 지나는 외국 선박들을 모두 효과적으로 포격할 수 있었던 것이다. 다만 무기의 열세 때문에 도저히 감당할 수 없었을 뿐이다.

서둘러 버스로 돌아오니 벌써 오후 4시. 날씨는 여전히 흐려 금시라도 비가 쏟아질 듯한데 함께 간 신상덕 사장 안내로 신성초등학교에서 벌이는 미술전시회에 들렀다. 그곳에는 예상 외로 막걸리와 소주를 비롯해서 송편, 절편, 약식, 과일 등 푸짐한 음식이 준비되어 있었다. 이미 출출해진 회원들은 아주 맛있게 먹으면서 벽에 진열된 미술 작품을 감상할 수 있었으니 예상치 않은 또 하나의 문화관광이었다고 할 수 있다.

시간이 늦었다는 안내자의 성화로 버스를 타고 서울로 향하려는데 날씨도 점점 어두워지지만 비가 쏟아지기 시작한다. 아침부터 근심했던 비가 이제 하루의 관광을 마칠 무렵 쏟아지고 있으니 얼마나 다행한 일인가? 피로하였지만 함께한 모두는 매우 흐뭇한 마음이었다.

강화도는 선사시대 고인돌 문화로부터 단군의 전설이 함께 얽힌 참성단에 이르는 한국 고대사의 고향이다. 한편 고려시대에는 몽고에 항쟁한 고려의 피난 수도이었다. 조선 왕조시대 청의 침입으로 수난의 병자호란 때에도 항쟁의 기지이었다.

특히 쇄국의 조선이 개국을 강요받던 1866년 병인양요나 1871년 신미양요는 방어의 격전지이었고, 1876년 일본과 강화도조약을 통해 일본에 이어 세계와 개국한 전초지이었다.

문화적으로도 고려시대 몽골의 침략을 방어하려는 대장경의 판각, 조선 왕조의 정족산 사고(史庫)와 귀중한 도서를 비치한 외규장각도 설치되었다. 이처럼 강화도는 선사문화로부터 고대문화 및 방어의 전초지로서 역사와 문화의 전시대적 보고라고 평가된다.

철원의 백마고지와 도피안사(到彼岸寺)

지금 뼈대만 남은 노동당사로 가는 길옆은 모두가 논으로 된 벌판뿐이다. 6·25전쟁 이전에는 번화했던 구 철원 시가였는데 전쟁이 우리를 서글프게 한다. 거기에는 유명한 철새도래지인 샘통이 있고 얼음 창고, 제사공장, 농산물검사소, 수도국 등이 이제는 건물터만 남아 있어 그저 그 옛날을 말해 주고 있을 뿐이다.

여기서 조금 서북쪽으로 보면 6·25전쟁 중 우리들에게 너무나 많이 알려진 '백마고지'가 있다. 6·25전쟁 중 가장 처절한 이 싸움터에서 10일간 24차례나 주인이 바뀔 정도로 치열한 공방전이 계속되었던 곳이다. 나즈막한 언덕에 위령비와 기념관이 서 있다.

과연 그 많은 젊은이들의 죽음이 우리 역사에서 어떠한 의미를 가질 것인지. 전적기념관에서 시작으로 제2 땅굴, 분단의 현장인 월정리역과 전망대, 가는 곳마다 철책 등 전쟁과 분단의 유적지로 가득하다.

동송읍 학저수지 북쪽에 위치한 도피안사는 높지도 않고 의미 있게 보이지도 않는 나지막한 화개산(花開山) 언덕 위에 좀 불안한 듯이 위치하고 있다. 865년 신라 경문왕 때 도선대사(道詵大師)가 1,500여 명의 향도들과 함께 세웠다고 전해진다. 이 절은 금강산 유점사 본말사지에서 어느 정도 추적할 수 있는데, 오늘날에는 설악산 신흥사 말사인 작은 절이다.

우선 도피안사라는 그의 절 이름이 매우 인상적이다. 현세를 도피한 절로 생각될 수도 있지만, 한자로 도피안사(到彼岸寺)는 피안에 이르는 절이란 뜻이다. 도피안이란 불교에서 번뇌의 고해를 건너 열반의 언덕에 이른다는 깊은 뜻이다. 영원한 안식처란 의미인 것이다. 이 절을 처음 지었다고 하는 도선대사가 "내가 이곳에 있으니, 어려움이 없으리라"고 했다고 한다. 이에 풍수지리설이나 또는 예언자로서 그를 생각하며 여러 가지 해석이 구구하다.

궁정 내 권력 싸움에 휘말려 가까스로 생명을 유지하고 신라 왕실에 복수하려던 궁예(弓裔)와 그를 탄압하던 세력들이 모두 잘못과 또 바람을 빌던 곳이라고도 한다. 더구나 905년 송도로부터 이곳으로 도읍을 옮긴 태봉국(泰封國) 궁예는 918년 이 평야에서 왕권이 무너지고 그 자신도 맞아 죽었다. 이래저래 산 사람이나 죽은 사람을 위해 빌어야 될 일이 많은 절이었던가!

하지만 이제 그것은 1100여 년 전 과거로 사라져버린 역사일 뿐이다. 대게 왕이 죽은 후 왕릉 가까운 곳에 그들의 명복을 비는 절(願刹)을 지었다. 여기서 궁예에게 사후의 세계를 기원하는 원찰이야 있을 수 없지만, 그보다 더한 1100여 년 후에 있었던 수만 명 젊은 주검의 명복을 빌어야 하는 절은 있어야 하지 않겠는가? 그래서 30년 내 궁예의 운명을 바라보며 도선대사는 이곳에 도피안사를 지었는가! 아니면 1100년 후에 이 처참한 전쟁터 철원평야 아니 보다 더 가까운 백마고지의 원혼을 달래기 위해 이 명승지에 안식처를 찾았던 것인가!

비록 절이 크지는 않지만 대적광전(大寂光殿) 안에 경건하거나 위엄을 부리지도 않는 그저 평범하고 가까운 사람같이 느껴지는 국보 63호인 철조비로사나불상(鐵造毘盧遮那佛像)이 있다. 1100여 년 전부터 이 모든 역사를 보면서 그저 묵묵히 미소만 짓고 있지 않은가!

대적광전 앞에 세워진 3층 석탑 역시 불상 옆에서 그 모든 지난날을 보아 왔으리라! 대적광전과 석탑 앞에 아주 시원하고 마음껏 하늘로 뻗은 수백 년 나이를 먹었을 느티나무는 그 역사의 한 자락을 보고 또 느꼈으리라.

백마고지나 그 앞 개천에도 처절한 전쟁으로 피가 냇물되어 흐르고, 흘린 피 때문에 그곳에 피는 꽃이 유난히 붉다는 그 절 스님의 말씀이 매우 인상적이다. 그러나 그곳만은 피해가 없었으니 도선 스님이 예측한 대로 안식처가 아니겠느냐는 것이다.

그러나 날아오는 포탄이나 밀려드는 성난 군인들에게 어찌 전쟁 중 안식처가 있을 수 있겠는가! 그것은 다만 마음속에서나 가능한 것이 아니겠는가! 그러니 불과 18년 동안 있었던 짧은 왕국을 멸망시킨 궁예나, 처절하게 죽은 수만 명 전사자들에게는 진실로 영혼의 안식처가 될 수 있지 않았겠는가!

이처럼 부질없는 생각에 깊이 잠기는 동안 서쪽 금학산에 걸친 석양은 넓은 평야에 기다란 그림자를 드리우기 시작한다. 지난 1100여 년 역사의 그림자와 함께.

땅바닥 서점의 두 소년

1950년 6월 초, 38선 지역 포천의 신용철, 동두천의 홍배식 두 소년은 5대 1이나 되는 어려운 입학시험을 거쳐 서울 용산중학교에 입학했다. 신용철은 서울 성동구 금호동에 하숙했고, 홍배식은 동두천에서 기차로 통학했다. 그러나 이 두 소년의 중학교 생활은 3주 후에 일어난 6·25전쟁으로 허무하게 끝나고 말았다. 두 소년 모두 전쟁 중에 무참하게 아버지를 잃어서 더 이상 서울에서 수학할 수 없었기 때문이다. 이 시기 두 소년은 서로를 알지 못했다.

홍배식은 6월 25일 아침 정원에서 앵두를 따다 대포 소리와 탱크 소리에 놀라 보니 이미 북한 인민군 탱크가 몰려오고 있는 것을 보았다고 했다. 이 전쟁으로 용산중학교는 물론 공부도 할 수 없었다.

나는 홍군에 비해 여유롭게 전쟁을 만났다. 6월 25일 일요일 아침에 전쟁이 일어난 것도 모르고 고향에 다녀오기 위해 성동역(제기동)에서 버스를 기다렸다. 그러나 11시 경까지 버스는 오지 않았다. 그때 길거리 스피커를 통해 전쟁이 일어났다고 하여 그제서야 알았고, 풀을 철모에 꽂은 군인 트럭이 지나는 모습을 보았다.

26일 월요일 학교에 갔으나 수업은 없고 어수선한 분위기에서 점심만 먹고 왔다. 여의도 공중전만 창문을 통해 보았다. 27일 화요일은 아침부터 한강 쪽으로 피난민이 쏟아지기 시작하여 혼란 속에 학교에 가지 못하였다. 그날 저녁 나는 하숙하는 친척댁 아주머니 안내로 아이들 4명이 현 옥수동인 무수막 강에서 나룻배를 타고 당시 광주군인 현 압구정동 봉은사에서 자고 광주 농가에서 방을 얻어 며칠 지냈다. 며칠 후 우리는 돌아왔는데 찾아오신 아버님 따라 고향으로 가서 다시는 용산중학교에 다닐 수 없었다.

2학년 말인 1951년 11월 26일에야 나는 고향에 새로 세워진 중학교에 입학했다. 집만 나서면 한국군과 유엔군이 넘치는 1952년 고향에 5일 장터가 새로 생겼다. 책 몇 권 놓고 파는 장터 '땅바닥 서점'에서 겉장에 말 탄 장군의 모습이 마음에 들어 책 한 권을 샀다. 《한니발 전》이었다.

카르타고 명장 한니발(Hannibal, 247-183 B.C.)은 어려서 스페인과 시칠리아를 둘러싼 분쟁에서 조국을 위협하는 로마를 치겠다고 맹세한다. 성장하면서 장병을 훈련하여 누미디아의 코끼리 떼를 몰아 알프스를 넘는 이야기는 참으로 놀랍고 영웅적이었다. 5만 군대와 9천 기병, 37마리 전쟁 코끼리가 군세였다.

로마와의 지중해 패권을 둘러싼 3차례 포에니전쟁 중, 그는 제2의 포에니전쟁(218-201 B.C.) 이태리반도 싸움에서 패한 적이 없었다. 특히 기원전 216년 칸네(Canne)에서 8만 6천 로마군을 5만군으로 격멸하여 로마 역사상 최대의 패배를 안기기도 하였다. 그는 본국을 기습하여 굴복시킨 소년 장군 스키피오에게 패하여 끝나지만, 저서는 당시까지 세계 3번째 영웅으로 평가하였다.

나는 이 책을 열심히 반복해서 읽었다. 이어서 《플루타르크 영웅전》을 읽음으로 이 두 책은 비극적인 내 환경을 극복할 수 있도록 정신적인 지주가 되어 주었다. 서양 고대 역사를 지중해에서 만나기 시작했고, 수사학에 관심을 갖는 계기가 되었다. 그 후 나는 대학에서도 역사를 전공하여 역사 교사가 되었고 교수로 퇴임했다.

그런데 6·25전쟁으로 용산중학교를 중퇴한 지 60년 후, 나와 함께 용산중학교를 중퇴한 홍배식 교장을 만나게 되었다. 그도 나처럼 역사를 전공해서 중고등학교 교사와 교장으로 퇴임했다. 둘 다 함께 어려운 시대를 살면서 역사를 공부했으니 어찌 반갑지 않겠는가?

특히 전쟁 중, 그는 학업을 중단한 채 서울에서 책들을 사다가 동두천 시장 바닥에 놓고 팔면서 책을 읽었다고 하니 참으로 대단했다는 생각이 든다. 나는 시장 바닥 서점에서 겨우 책을 사서 읽었는데, 그는 시장 바닥에서 서점을 운영하며 책을 읽었다니 이미 사업가의 기질이 있었다고 감탄했다. 그러나 전쟁 중, 불행하게도 아버지를 사별하고 어려운 형편에 시장 바닥 서점을 운영하며 또 거기서 책을 읽어 역사를 전공하여 길을 닦았으니 이 얼마나 뜻깊고 장한 일인가? 이제 80대 중반으로 백발이 된 두 소년은 서로의 이야기를 들으며 학업을 계승하지 못했던 모교 용산중학교의 교가를 불렀다.

"남산의 씩씩한 기상을 받아, 이 나라 이 겨레 큰 그릇되고
한가람 물결은 끊임이 없어, 자유와 관용을 깨우치도다
배움의 전당 우리의 용중, 배달의 얼은 서로 어울려
배달의 얼은 서로 어울려, 삼천의 건아야 하나가 되자."

그리고 우리 둘은 "시장 땅바닥 서점"을 이야기하며 눈물겹도록 감동적인 그날의 이야기꽃을 피웠다. 그래서 잘 정리된 큰 도서관이나 서점이 아니어도 소년들에게 길을 밝혀준, '땅바닥 서점의 교육 문화사적 공헌'을 회고하며 한없이 감사했다.

바다의 꿈, 장보고

구름 한 점 없이 맑은 아침 우리는 문등현(文登縣) 적산촌(赤山村) 법화원(法華院)을 찾아 간다. 4박 5일의 짧은 일정 속에 오고 가느라 하루가 걸리지만 우리 한국인들에게 이곳은 꼭 가보고 싶은 곳이다. 통일 신라 시대 중국과 우리나라 사이의 해상에서 크게 활동했던 장보고의 발길과 물길이 함께 이르렀고 또 머물렀던 곳이기 때문이다.

양측으로 끝없이 계속되는 푸른 옥수수밭 사이로 우리들은 7월 16일 오전 내내 지루하리만치 달리고 있다. 잘 닦여진 고속도로가 있는가 하면, 좁은 시골길 아니면 꾸불꾸불한 비포장도로를 통해 시골 마을에 사는 모습이나 농촌의 풍경을 보는 것이 아주 흐뭇하다. 길 양측으로는 푸르게 잘 가꾸어진 가로수들이 줄지어 섰고, 끝이 보이지 않는 도로가 지평선 사이로 가물거리며 다가온다.

배들이 여기저기 정박해 있는 푸른 바다를 끼고 산비탈의 작은 마을을 거쳐 우리는 법화원으로 들어간다. 적산 법화원이라고 쓰여진 돌로 잘 다듬어진 문이 나타난다. 떠날 때 하루종일 가도 막상 가 보면 크게 실망할 수도 있다는 안내자의 말과는 달리 깨끗하고 아주 잘 지어진 불교사원이 우리의 마음을 사로잡는다.

차에서 내려 제법 가파른 언덕 위를 바라보니 높이 보이는 계단 위에 삼불보전(三佛寶殿)이라고 된 2층의 웅장한 기와집이 눈에 들어온다. 우선 문을 들어서면 대웅보전(大雄寶殿)이 있고 그 옆의 관음전(觀音殿) 좌측 구석에 장보고 장군 초상과 그에 관계된 역사적 문헌들이 진열되어 있다. 이것이 아마도 장보고와 법화원이 관계된 얼마 되지 않는 가장 중요한 증거일 것이다. 대웅전 우측 뒤편으로도 이곳 유래를 우리말로 기록해 놓은 돌이 보인다. 이곳이 법화원임을 알리는 유래가 중국이나 우리말로 써 있는 석물들도 보인다.

여기서 나와 대웅전을 거쳐 수십 개의 가파른 계단을 거쳐 삼불보전에 오르니 앞이 바다와 함께 확 트여 시원하다. 여름날 오후의 뜨거운 햇볕 아래 흐르는 땀이 바닷바람에 시원하게 씻겨진다. 건너편을 바라보아도 시원한데 산봉우리에는 한국인들이 세웠다는 장보고 장군 기념비도 보인다. 좌측으로 멀리 보이는 푸른 바다, 이 절에서 그곳까지는 아마도 9세기경 신라사람들이 와서 살았던 거류지 신라방(新羅坊)이었으리라.

바다로부터도 멀지 않고, 돌이 많은 산기슭 꽤 높은 위치에 지어진 이 법화원은 아주 깨끗이 잘 복원되어 있다. 장보고(張保皐, 弓福, ?-846)가 활동하던 당나라 시대에는 어떠했는지 확실하게 알 수는 없지만, 꽤 번화했던 곳이고 멀리 바다를 건너 온 신라인 그리고 당나라 사람들, 일본사람들이 어울린 제법 국제적인 삶의 터전이었을 것이다.

당시 이 절에만도 250여 명의 신라사람들이 있었다는 기록도 있다. 수만리 바다 건너에서 험난한 풍파를 무릅쓰고 객지에 와서 살던 신라인들에게 이 법화원은 커다란 안식처였으리라. 바닷가이면 세계 어느 곳에나 삶과 항해의 터전으로서 안녕을 빌었던 신전이 있었다. 이 법화원이야말로 삶과 교류의 터전이고 안녕을 기원하는 곳이었으리라.

해방이 되던 초등하교 2학년 1학기 경부터인가 내가 처음으로 기억에 남도록 열심히 읽었던 《조선사화집(朝鮮史話集)》 속에서 잊혀지지 않는 역사 중의 하나가 바로 이 '청해대사 궁복'이었다. 궁복의 친구였으나 능력이 출중해 그와 사이가 좋지 않았던 정년(鄭年)이 물속으로 50리를 갔다고 하는 내용을 읽었다. 어떻게 사람이 물속으로 50리를 갈 수 있는가 하고 나는 매우 감탄한 적이 있었다.

"소신이 당나라에서 그곳 놈들이 우리나라 사람들을 잡아가서 종으로 부리는 것을 보았는데, 청컨대 소신으로 하여금 청해에 진(鎭)을 만들고 지켜서 그런 일을 막도록 허락하여 주십시오."

이렇게 해서 장보고는 흥덕왕(興德王, 826-836)으로부터 군사 1만 명을 받아 지금의 완도에 청해진을 설치하였다. 신라인을 보호하며 황해에서 위세를 떨쳐 실로 바다의 지배자가 되었던 것이다. 그는 왕으로부터 청해진 대사로 임명되고 뒤에는 진해장군(鎭海將軍)으로 2천 호의 식읍(食邑)까지를 받게 되어 막강한 해상의 호족이 되었다. 그러나 쇠퇴해가는 신라의 작은 왕권 다툼에 그의 친구 정년과 함께 관계하게 된다. 그의 딸을 문성왕(文聖王)의 두 번째 왕비로 삼으려다가 자객에게 죽임을 당하고 말았다. 결국 그의 큰 뜻은 물거품이 되고 만 것이다. 하지만 그의 활약은 당시로서도 빛났고, 우리 역사 속에서 가장 활발한 해상활동이었다. 오늘날 21세기에도 우리가 나아가야 할 해양국가로서 한국의 길을 보여주었다고도 할 수 있다.

문무왕을 장례한 수중릉인 대왕암과 관계된 만파식적(萬波息笛)이나 감은사(感恩寺)에 관한 이야기처럼 그저 흥미로우면서도 무엇인지 모르며 호기심과 흥분을 함께 느끼게 해 주는 곳이다. 책을 읽은 후 56년 만에야 이곳을 찾을 수 있었으니 얼마나 많은 세월을 기다려야 했는가? 그러나 단 한 시간도 머무르지 못하고 떠나야 하는 아쉬움에 뒷날을 기약하는 수밖에 없었다.

나는 지금 56년 전에 읽은 '해상왕 궁복' 즉 장보고의 활동지를 찾아 보면서 마치 나의 옛날로 돌아가는 듯 흥분하고 있다. 역사란 지나간 일들과 옛사람과의 종횡무진한 만남이기 때문일까? 한반도와 중국 관계가 평화롭고 우호적이어서 92해리(약 170km) 밖에 안되는 황해를 사이에 둔 양측의 교류가 얼마나 자연스럽고 활기에 넘치는가?

1992년 1세기 이상이나 계속된 우리와 중국 간의 문화적, 정치적인 단절을 넘어 또 다시 산동성이 통일 신라시대처럼 우리의 관계 속으로 다시 되돌아오는 것이 얼마나 다행스러운 일인가? 법화원을 떠나면서 나는 다시 한번 뒤를 돌아본다. 또 푸른 바다 위에 떠 있는 수많은 배들 속에는 멀리 한반도에서 온 신라사람들이 이곳을 향해 오고 있을 것 같은 꿈속을 헤매고 있다.

등잔불 세대의 촛불 생각

내가 어렸을 때, 어둠을 밝히는 것은 등잔불이었다. 사기 종지 그릇에 석유를 넣고 창호지로 심지를 만들어 불을 붙였다. 오늘날 전등에 비해 훨씬 어두워서 책 읽기가 쉽지 않았다. 그래서 책을 읽으려면 등잔불 아래로 가야 하니 거기서 나오는 그을음으로 콧구멍이 새까매지곤 하였다.

이러한 등잔불 아래서 하는 공부는 고등학교를 졸업하던 1957년까지 계속되었다. 제사를 지낼 때만은 돌아가신 조상님들이 찾아오시라고 촛불을 켰다. 이러한 전통은 전등이 들어온 뒤에도 한때 계속된 것은 우스운 관행이었다. 그러므로 촛불은 매우 경건하거나 신비한 느낌을 주게 되었는데, 지금도 깊은 산속에 가다 보면 아직도 무당 등 샤머니즘들이 기도할 때 촛불을 켠 흔적을 자주 본다. 그러므로 나는 20년 이상 '등잔불 세대'라고 할 수도 있을 것이다.

우리 고향에는 1970년도 중반까지 전기가 들어오지 않았다. 당연히 촛불은 당시 나에게 사치이었다. 그 후 전등 아래서 생활하고 나서는 정전이 될 때를 제외하고 생일 축하하는 아주 작은 촛불 외에는 접하기 힘들어졌다. 하지만 성당이나 교회에는 아직 촛불을 많이 사용한다.

그런데 21세기에 들면서 촛불은 한국에서 엄청난 위력을 발휘했다. 밤에만 켜던 촛불은 대낮에도 밝히고 집에서만 켜던 촛불은 전등 켠 대로에도 밝혀졌다. 작은 단위로 켜졌던 촛불은 이제 수십 수백만이 집단으로 밝히는 이변도 일어난 것이다. 참으로 촛불 사용에 대한 커다란 혁명이었다.

더구나 과거 촛불이 어둠을 밝히는 수단이었다면, 21세기 촛불은 정치를 바꾸는 위력을 발휘했다. 촛불의 위력을 내세우고 진보를 자처하는 정치인들이 2016년 대한민국 대통령을 탄핵하는 초유의 위력을 발휘한 것이다. 그래서 세상은 그를 촛불혁명이라고 찬양 고무한다. 그래서 정치가 중에는 촛불혁명을 헌법에 넣거나, 유네스코 문화유산에 등록시켜야 한다고 열을 올린다.

이처럼 촛불의 기능과 영향력이 과장 극대화하는 우리 시대에 새로운 가치를 창조했다. 그러니 촛불의 기능을 과소평가하거나 무시하면 시대정신을 제대로 파악 못하는 사람으로 매도되기도 한다. 이런 와중에 그에 대항하는 또 다른 정치세력들도 촛불을 들기 시작했다. 그들도 대로에서 촛불을 붉힌다. 태극기가 어느 정파의 전유물이 아니듯 촛불도 특정 정파의 소유만이 될 수는 없다.

그래서 이제 촛불은 정치세력을 대표하는 위력으로 더욱 거듭나고 있다. 참으로 촛불 위력의 시대가 시작된 것이다. 광화문(光化門)이 광화문(光火門)이 되었으니, 조선의 수도 한양을 정초한 정도전(鄭道傳)도 예측 못한 일일 것이다. 만일 대통령을 탄핵한 반대의 다른 정파가 승리하면 촛불의 소유자는 누가 되는가? 내 촛불과 너의 촛불은 아닌데 말이다. 촛불이 자기 자신을 다 태우고 나면 다른 촛불을 태울 수밖에 없듯이…

우리는 촛불을 든 손에 뜨거운 촛농이 떨어지던 경험을 생각해 본다.

사실 하나의 촛불, 즉 한 정파의 촛불이 아닌 여러 정파의 촛불이 위력을 발휘하면 혁명의 성격도 복잡해지고 유네스코 문화유산도 디렘마에 빠지지 않을 수 없다는 생각이 든다.

더구나 2019년처럼, 검찰개혁이나 조국이 반대와 수호를 불러 싼 대규모 경쟁적 촛불시위는 많은 국민들에게 실망과 사회적 혼란을 가중시키지 않았는가? 우리에게 잘 알려진 우리 고전 문학 중 《춘향전》에서,

> "촛불 눈물 떨어질 때, 백성 눈물 떨어지고,
> 노래 소리 높은 곳에 백성들의 원망 소리도 높다"

라고 한 암행어사 이몽룡의 시가 바로 오늘의 시대를 사는 우리에게도 깊은 의미를 시사해 주고 있다고 생각한다.

전쟁 속 중학교 생활

"봄의 늦잠으로 새벽에도 깨지 못 한다"는 당(唐)나라 맹호연(孟浩然, 680-740)의 시처럼, 곤한 늦잠에서 악몽으로 놀라 깨었다. 전쟁터였던 고향에서 몇 명의 친구들과 사방에서 들려오는 북한군 총포 소리에 긴장하다가 내 몸에 무엇이 와 닿는 느낌이었다. 불편은 해도 많이 아프지는 않았으나 나중에 보니 오른쪽 다리 종아리에 가벼운 상처가 네 군데나 있었다.

70년 전에 6·25전쟁을 겪은 내가 아직도 이런 악몽에 시달리고 있는데 대해 크게 놀랐다. 그래서 70년 세월이 나에게 그렇게 먼 옛날이 아니었음을 실감한다.

나의 중학교 생활은 6·25 발발로 시작하여 휴전협정을 할 때 끝났으니, 나는 가히 한국전쟁의 세대라고 하겠다. 그래서 6·25전쟁이 일어난지 70년이 되는 해에, 그동안 나의 삶이 확실히 6·25의 산물이었음을 생각해 보게 된다.

일요일인 1950년 6월 25일, 나는 전쟁이 일어난 줄도 모르고 그날로 인민군에게 빼앗긴 고향 포천을 가려고 성동역(제기동 경춘선 종착역)에서 버스를 기다리고 있었다. 그 6월 초에 중학교에 입학했으니, 중학교 생활은 전쟁으로 시작된 것이다. 이처럼 전쟁 첫날에 이어, 26일에는 공부하지 않는 학교에 갔고, 27일 저녁에는 북한군이 들어오는 서울을 떠나 한강을 건너 생애 첫 피난길에 올랐다.

이로써 나의 중학교 시기는 다음 해인 1951년 11월까지 무려 18개월이나 중단되었다. 그런데 이 시기 나는 고향인 포천 38선 지역에서 대한민국과 북한 치하가 무려 6번이나 뒤바뀌는 혹독하고 비참한 전쟁터에서 살았다. 그래서 중학교 입학하느라고 처음 외지인 서울을 가 본 것이 전부인 내가 고향으로 찾아오는 미군과 중공군을 비롯한 동서양 10여 국의 유엔군을 만났으니 앉아서 세계화를 체험한 셈이다.

낯선 언어와 음식, 복장, 담배 등 생활용품을 보면서 우리만의 전통에다 낯설지만 새로운 생활의 패턴을 더하기 시작했다. 1895년 청·일 전쟁으로 우리와 국교가 없던 중국, 적군인 중공군과 함께 한겨울을 지내기도 했다. 매우 엄청난 역사의 획기적인 순간이었다.

1·4후퇴 전 양주군 진건면 송릉리에서 두 번째 피난 가던 길이 막혔다. 이어 1951년 4월 초, 아버님을 잃고 다시 충북 진천으로 세 번째 피난길에 올랐다. 걸어서 날마다 밤이 오면 잘 집을 찾는 중에도 쌀 3말을 지고 진천을 왕복한 중학교 1학년 학생이었다. 하루에 한 번 왕래가 가능한 호수가에서 땔 나무를 지게로 가져와 진천읍에서 팔기도 했다. 1개월 만에 집으로 돌아왔는데 쌀 세 말을 지고 다닌 탓에 그 후유증으로 심한 몸살을 앓다가 겨우 살아났다. 그때 악몽을 지금도 기억한다.

그리고 해방되고 어린 나에게 어렴풋하게 다가온 미국은 미군과 미군부대, 특히 전투기와 폭격기 및 정찰기 등이 공중을 지배하고 폭격하던 두려움의 대상이었다. 반면 수복을 시켜준 반가움의 상징이기도 했다. 더구나 농지마저 황폐한 전쟁터에서 헐벗고 굶주린 그 시기에 그래도 먹고 입고, 몸의 기생충 이를 DDT로 잡아주고 말라리아 등 질병을 키니네로 치료해 준 커다란 은인이었다. 그 당시 제국주의나 자본주의 같은 이념을 아직 알지 못하였다. 우리에겐 당시 그냥 살아남는 것이 중요한 때이었다.

서울에 있는 중학교를 더 이상 계속 다닐 수 없던 나는 1951년 11월 26일, 고향 근처 양주군 진접면 신설 광동중학교에 입학했다. 정상적이라면 중학교 2학년 2학기였을 때이다. 3개월 후에 2학년이 되었다. 학교의 건물이 불타 민가 등을 빌려 수업하다가 광릉 재실로 옮겼다. 세조대왕 광릉을 지키는 재실과 그 주변 울창한 천혜의 자연은 쏟아지는 폭설처럼 커다란 축복이었다. 1952년 5월 우리는 폭격으로 불탄 광동중학교의 황폐한 자리에 가교사를 지어 이사했다. 이때부터 나는 고등학교까지 5년간 3차례 학교 짓고 논과 밭의 실습지에서 일하면서 공부했다. 중학교 국어교과서는 미국에서 보내준 종이로 인쇄했고, 학교는 지역민과 미군 및 학생들이 함께 지었다.

아버님을 전쟁 중 사별하고 비탄에 빠져 비관하던 나는 비탈에 선 나무처럼 괴로움으로 몸부림쳤다. 거기서 나에게 출로를 찾게 해 준 것은 입학부터 고등학교 졸업까지 반장 4년과 학생회장 2년 동안 봉사란 보람이었다. 어디에도 도서관 시설이 없던 당시 시장 바닥에서 산 《플루타르크 영웅전》에서 삶의 용기와 수사학에의 관심과 매력을 느꼈다. 그리고 괴로울 때면 그저 쓰는 습관이 생겼다. 그래야 울분과 비탄이 좀 풀렸다. 내 평생 전공인 중국의 이탁오(李卓吾, 1527-1602)가 말하는 '발분의 소작(發憤의 所作)'이었다고 생각한다.

생각하면 나는 우리 땅 대한민국과 함께 수난을 겪으며 성장했다. 대한민국이 태어날 때 초등학교 5학년, 6·25전쟁은 중학교 1학년 때가 아닌가! 여러 나라 군대를 겪으며 국제화 길도 걸었고, 중학교 전 학년을 전쟁 속에서 자랐다. 그 전쟁으로 미국도 중국도 다시 만나고, 역사에 뜻을 두며 글도 쓰고 싶었다. 학교를 건설하고 실습하며 공부했다. 우리 대한민국도 수난 속에서 건설해서 성장하지 않았는가?

그러므로 나의 봄꿈은 꿈이 아닌 수난의 체험과 그의 역사이기도 하다. 여기저기에서 비탄의 울음이 들려오고, 밤마다 놀라운 고난의 폭풍이 몰아쳐 수많은 생명들이 새봄의 꽃잎처럼 떨어져도 우리는 70년을 이처럼 굳세게 살아온 것이다.

광동학원 발전사

작년 11월 26일, 남양주시 진접읍 광동학원이 개교 74주년에 《광동학원발전사》를 출간하며 출판기념회를 가졌다. 나는 이 저서의 출간을 주도한 편찬위원장으로서 기념회에서 간행사를 하였다. 마치 타임머신을 타듯 68년의 세월을 되돌아보며 참으로 벅찬 감회를 느끼지 않을 수 없었다.

1950년 서울 용산중학교에 입학했으나 전쟁으로 중퇴하고 1951년 11월 26일 고향 광동중학교에 입학했다. 정확하게 68년 전 같은 날이다. 광동학원은 1946년 광릉 숲속, 봉선사 대웅전, 즉 '큰 법당'에서 출발했다. 우리 땅에 대한민국 정부가 수립되기 2년 전이었다. 이 지역에 중등학교가 없고 교통이 불편한 산속이었다. 정식 인가도 받기 전, 봉선사 개교식에는 유억겸(兪億兼) 문교부장이 참여해서 축사도 해 주었다. 구국 및 입국의 큰 뜻과 불교의 자비를 건학이념으로 봉선사 운허(耘虛, 1890-1980) 큰 스님의 주도와 지역민의 협력으로 건립된 것이었다.

그러나 광릉 숲 안 신축 교사는 6·25전란으로 불타고, 북한 치하에서 학교 교육은 중단되었다. 수복 후 유지와 주민들은 이발소와 헛간 및 음식점 사랑방을 거쳐 광릉 재실로 옮겨가며 수업을 할 수 있도록 도움을 주었다. 이에 오늘날 남양주와 의정부 명문으로 우뚝 서서 큰 학원으로 성장 발전했다.

중학교와 고등학교 졸업 때까지 전 학년 동안 나는 반장과 2년간 학생회장으로 봉사했고 졸업 후에도 중고등학교 총동문 회장도 맡았으니 참으로 미련하게 많이 봉사했다고 스스로 생각한다. 경희대학교에 재직하면서 특히 30여 년간 학원 이사로서 역사를 함께하고 있으니, 우직함을 그저 사명이라고 자위하기도 한다.

그런데 재학 중이나 졸업 후 현재까지 모교에 봉사하는 외형적인 활동보다 나는 학교 역사기술에 특히 관심을 가져왔다. 부설된 운허 사상연구소에서 나는《운허 스님의 큰 발자취》(동국역경원)와《운허 스님의 큰 길》(도서출판 밝은 빛)을 저술하여 학교 건학이념의 확립에 주력하였다.

그리고 학교 60주년인 2006년에는 570면이나 되는 두툼한《광동 60년사》를 출간하여 학교 뿐 아니라 이 지역 교육 및 문화사에도 적지 않게 공헌하였다. 이러한 학원의 공적인 역사 외에도《광동과 광릉 문화》나 중고등학교 시절의 생활과 배움, 삶의 기록인《눈보라 치던 비탈에서서도》를 저술하여 학교 역사를 측면에서 보충하였다.

누가 부탁을 해서도 아니며 이익이 되는 것도 아니지만 그냥 하고 싶고 또 해야 한다는 작은 사명감에서 한 것 뿐이다. 아무리 종이의 기록물이 그 중요성을 상실하는 시대라고 해도 아직 나는 우리 학원의 기록이라도 제대로 남기고 싶은 것 뿐이다.

그런데 지난《광동 60년사》이번의《광동학원 발전사》를 쓰면서 내가 참으로 놀라고 신기하게 생각하는 것이 있다. 전쟁 중 광동학원 최초의 졸업 앨범인 1954년 《광동중학교 제7회 졸업 앨범》에서 많은 도움을 받았다는 점이다.

전쟁 중에 종이가 없어 미군부대에서 타자한 종이를 맞붙이고 거기다가 등사판을 통한 글씨를 써서 인쇄했다. 전쟁 중 미국이 보내 온 종이로 국어 교과서를 출판한 그 시대의 어려운 형편에서 가상한 일이었다. 사진을 인쇄할 능력도 없어 담임 한인근 선생님이 직접 찍은 사진을 학생 수 대로 인화해서 붙였으니 당시로선 드문 일이었다. 그래도 내용은 풍부해서 중학교 3년간 일지가 상세하게 기록되어 그때 실록과 같은 역사를 찾아볼 수 있는 것이다.

특히 사진 중에는 광릉 속 중공군 방공호를 헐어 학교 건설을 위한 목재로 운반하는 모습이나, 교실이 모자라 공부하던 천막은 물론 숲속에서 찍은 졸업사진 등이 특히 이채롭다. 전쟁 후 학교 교사로 쓰던 민가나 광릉 재실을 비롯하여 휴전 반대를 외치며 시가를 행진하고 시장에서 웅변대회를 개최하던 사진 등은 매우 어려웠던 시절 이를 극복한 7회 졸업생들의 가상한 정신이 보여서 흐뭇하다.

당시 물리 과목 담당 교사로서 뒤에 미국에서 학위를 받아 저명한 교수로서 퇴임한 한인근(韓仁根) 담임선생님은 합창반을 조직하였다. KBS 출연도 해서 참가했던 학생들이 매우 뜻깊게 생각한다. 한 선생님에게도 특히 광동학교 시절의 잊을 수 없는 커다란 추억과 자부심이 되는 듯해서 기쁘다.

그러나 한인근 선생님 퇴임 후 가장 큰 공헌은 전란 중 사진이나 기록을 통해서 후일 《광동 60년사》나 《광동학원 발전사》 등 역사기술에 중요한 자료를 제공해 준 것이다. 당시 반장과 앨범위원이었던 내가 65년이 지난 오늘날 그 자료를 통해 역사의 중요한 부분을 기록하게 된데 대해 감사하며 아울러 보람 있고 기쁘게 생각한다.

이번 저서 《광동학원발전사》-100년을 향한 도약- 이란 이 책에서 독자는 학원의 역사를 개교와 전란시기, 소박하지만 눈물겨운 건설의 모습을 흑백 사진으로 볼 수 있다. 아울러 발전과 생동 발랄한 학생들의 학습활동을 칼라와 각종 통계로 확인할 수 있다. 특히 오늘의 후진들은 6·25전쟁이란 국난을 극복하면서 이룩해 온 역사와 과정을 잊거나 무시하지 말고 미래를 향해 도전하는 확고한 의지로 노력해야 할 것이다.

역사를 잊거나 무시하는 민족은 훌륭한 미래를 기대할 수 없다. "광동의 밝은 빛이 이 나라를 빛내소서"라는 교가처럼 학원의 무궁한 발전은 지난 68년 역사 속을 거닐며 찾을 수 있다고 생각해 본다.

봉선사 큰 법당과 불천회관

조계종 25교구 본사인 봉선사는 규모가 크거나 깊은 산속은 아니지만, '수도권의 폐'라 불리는 아름다운 광릉 숲속에 아늑하게 자리하고 있다. 한국 근대 불교사에서 크게 기여한 매우 유서 깊은 도량이다.

조선왕조 제7대 세조대왕을 모신 광릉의 원찰로서 잘 가꾸어진 숲의 수목원과 함께 왕릉 및 불교 문화가 잘 어우러진 명승지로서 공해로 지친 도시인들의 발길이 잦은 곳이기도 하다.

산도 아닌 언덕에 있는 봉선사를 향해 바라보는 일주문의 '운악산 봉선사' 는 좀 흐트러지게 쓰여진 한글 글씨다. 이는 운허 스님이 노년에 집자한 것이다. 오른쪽 산기슭의 비석과 부도의 군이 이 사찰의 역사를 담고 있고, 좌측 작은 냇물 넘어 연꽃으로 잘 가꾸어진 연못이 불교의 향기를 풍겨준다. 특히 그 주변에 오래 길러진 소나무와 잣나무 숲에서 불어오는 솔바람이 정겹다.

약간의 오르막길 앞을 가로막는 2층 건물이 설법전인 청풍루(淸風樓)이다. 여기서 작은 문을 들어서면 계단 위 본당인 큰 법당 앞 광장에 이른다. 청풍루 바로 앞 계단 위의 봉선사 편액이 큰 법당을 찾는 사람들을 놀라게 한다. 우리나라 사찰의 본당이 대웅전이나 대적광전 또는 대운보전 등 거의 한자에 익숙해 있기 때문이다. 그뿐 아니라 봉선사 큰 법당 기둥에 쓰인 글씨(柱聯)도 한자가 아닌 우리말로,

"온 누리 티끌 세어서 알고, 큰 바다 물 모두 마시고,
허공을 재고 바람 얽어도, 부처님 공덕 다 말 못해"

로 번역되었으니 참으로 쉽고 새롭지 않은가?

6·25전란으로 소실된 봉선사를 복원할 때, 운허 스님의, "쉬운 우리 말을 두고 법당의 편액을 왜 어려운 한자로 써야 하느냐?"는 의도에 따라 운봉 금인석(琴仁錫)의 아름답고 시원한 우리글의 편액이 된 것이다. 이는 "어려운 한자의 감옥에 갇혀 있는 부처님의 귀한 말씀을 중생에게 쉽게 이해시키기 위해 한자의 벽을 헐어야 한다"는 의지였다. 동국역경원을 설립하여 8만 대장경을 우리글로 번역하는 대사업을 시작 주도한 운허 스님의 의지가 불교 뿐 아니라 민족문화의 역사적 사명감과 충심이 상징적으로 보여지는 곳이다.

이 계단 아래 맞은편의 설법전 즉 청풍루는 설법이나 중요사를 하는 건물인데 우측으로 돌아 문을 나서 남측 건물 측면을 올려다보면 추녀 아래 〈불천회관(佛泉會館)〉이란 편액이 보인다. 크기나 명칭으로 보아 특별히 사람들의 관심을 끌지는 못하는 글이다.

그러나 그에 얽힌 비화(秘話)를 알면 암울하던 일제강점기 항일독립운동사와 관계되어 매우 흥미롭고 비장하다. 1921년부터 1980년 입적까지 60년간 이곳 봉선사에 머문 운허(耘虛, 1892-1980) 큰 스님의 평생 활동과 관계를 갖는다.

속명이 이학수(李學洙)로서 만주에서 독립운동 시기 이시열(李時說)로 이름을 바꾼 스님은 3·1운동 후 입국했다가 왜경에 쫓겨 강원도 회양의 봉일사(鳳逸寺)에서 불교에 귀의했다. 스님은 금강산 유점사를 거쳐 광릉 봉선사에서 월초(月初, 1858-1934) 스님의 보호를 받으며

불도에 정진하여 한국 최초의 《불교사전》을 간행하고 폭넓은 강학(講學)으로 스님과 중생을 교학했다. 특히 동국역경원(東國譯經院)을 개설하여 8만 대장경을 우리말로 번역하는 등 한국 근대불교사에 큰 발자취를 남겼다.

스님은 만주에서 독립운동 시기, 어느 자리에서 한 동지가 용감한 이시열(운허 스님)에게, "동지는 일당 천(千)의 대장부이오"라고 하자, 이시열은 이에 대해, "천으로는 안 되지, 적어도 억(億)은 돼야지!"라고 호쾌하게 대답했다. 그래서 그 후 이시열은 '천명이 일억 명인 억불천(億不千)' 동지로 불리고 또 이를 스스로 호로 쓰기도 했다.

그러나 1921년 그가 불문에 들어왔을 뿐 아니라, 1945년 해방이 되고 나서 만주에서 결성 가입했던 조선혁명당을 몇 명의 동지와 함께 건국의 개천절에, "우리가 외국 땅에서 일본에게 빼앗긴 나라를 찾기 위해 하늘에 알리며 결성한 이 혁명당은 이제 우리가 나라를 찾아 독립하게 되어 해체함을 다시 고 합니다"라는 제문을 읽으며 술을 뿌리고 나누어 마시며 봉선사 뒷산에서 해체하였다.

이 해체식이 끝난 후, 동지들은 스님에게 "이제 일제와 싸울 필요가 없어졌으니, 불천의 호는 필요 없지 않겠소? 그러면 발음은 그대로 두고 의미를 달리하는 佛과 샘 '泉' 자 로 '불천(佛泉)'이라면 좋지 않겠소?"라고 하였다. 그래서 스님은 다시 불천이란 호를 더 하게 되었다.

이러한 널리 알려지지 않은 비화를 운허 스님의 수제자로서 8만 대장경 역경사업을 계승해서 완성한 현 봉선사 조실 스님인 월운(月雲) 스님이 청풍루를 지을 때 남측 벽에 편액으로 단 것이다. 그러므로 단 4글자의 이 〈불천회관〉 역사는 운허 스님 개인의 생애이지만, 암울하던 일제강점기의 한국근대사에서 항일독립운동과 함께 호국불교의 빛나는 역사이기도 하다. 1946년 운허 스님이 봉선사를 중심으로 주도하여 설립한 광동학원에 학생 기숙사를 지으면서 그의 명칭을 '불천학사(佛泉學舍)'라고 한 것도 그래서 의미가 있다. 세종대왕이 창제한 한글의 실용화는 세조에 이르러 《간경도감(刊經都監)》의 설치나 농업과 병사에 관한 책들이 한글로 쓰여 크게 진전되었다. 이러한 점에서 광릉의 원찰로 교종의 본찰인 봉선사에 거의 평생 머물던 운허 스님이 8만 대장경 번역을 주도하게 된 것은 매우 뜻깊은 일이다.

오늘날 광릉 봉선사를 찾는 사람들에게 의미 있게 눈에 뜨이는 것은 '큰 법당'이란 대웅전의 우리말 편액과 한글로 쓰인 주련들이다. 불경 번역을 하신 운허 스님의 평생을 잘 보여주는 '불경의 대중화'를 상징한 것이 아니겠는가? 개화기에 순 한글 역사소설로 불교와 역사를 대중화하는데 크게 공헌한 선구자 춘원 이광수가 이 봉선사에서 세운 광동중학교 교사로 근무한 것도 우연은 아닐 것이다.

그래서 봉선사 '큰 법당'이란 편액과 청풍루의 남면 작은 편액인 '불천회관'은 이 사찰에 오래 머물며 일제 강점기 구국 독립 운동과 불교 개혁 및 불경 번역에 크게 기여한 운허 스님을 생각하게 한다.

배우고 생각하며

빛바랜 역사 이야기 책

역사를 이야기로 만나다

세월의 시계바늘에 닳고 닳아버린 책은 모서리가 조금 모자란다. 빛바랜 사진첩을 들추듯, 나는 어린 시절 유일한 '읽을거리'였던 《조선사화집》을 한 장씩 넘기며 흩어진 기억들을 더듬는다. 할머니가 벽장 속에서 꺼내주신 눈깔사탕 한 개에도 반가운 어린아이로서, 뽀얗게 먼지가 쌓인 기억 속에서 흑백필름을 뒤로 돌리듯 해방 직전, 1944년으로 거슬러 올라가 본다.

일제 강점기의 말, 1944년 초등학교에 입학한 나는 '안녕하세요'라는 말 대신 일본어로 인사말을 배워야 했다. '읽을거리'라고는 일본어로 쓰인 교과서 밖에 없었던 그 시절, 나는 벽장 속에서 우연히 한 권의 책을 만나게 되었다. 표지는 물론 목차까지 다 떨어져 나간 책은 제목도, 저자도 알 수 없었다.

한글을 배울 수 없던 시대였지만, 나는 1년 간 서당에서 《천자문》을 배웠다. 한문의 훈(訓)과 '하고', '하니' 등의 토(吐)를 익힌 탓에 서투르게나마 한글을 읽을 수 있었다. 무슨 뜻인지도 모르고 시작한 나는 이 책에서 짤막한 이야기들을 여러 차례 반복해 읽으면서 차츰 흥미를 느끼기 시작했다.

초등학교 3학년 시절, 봄 소풍에서 나는 친구들에게 책에서 읽은 '바보 온달과 평강공주' 이야기를 암기해 낭독하듯 그대로 들려주었다. 그때 선생님은 "그것은 이야기가 아니라, 완전한 낭독이구나!"라고 놀라워했다. 이후에도 학교에서 개최하는 학예회 때마다 선생님들은 그 이야기책을 빌려가곤 했다. 고구려 15대 미천왕이 된 '소금장수 을불', '바보 온달과 평강공주' 이야기 등은 학예회에서 인기 있는 주제였다.

나는 5학년이 되면서 《우리나라의 발달》이라는 역사 교과서 상당 부분이 이미 이 이야기책에서 읽은 것이어서 깜짝 놀랐다. 흥미롭게 읽어온 이야기가 바로 우리나라 '역사서'임을 알게 된 것이다. 그러므로 역사인 줄도 모르고 역사를 만난 행운임을 그때 나는 아직 알지 못하였다.

좀 먹어도 생동하는 역사 《조선사화집》

6·25전쟁 중, 불행히도 이 책은 어디론가 사라졌다. 그래서 그 뒤 제목도 저자도 모르는 채 가끔씩 그 내용만 나는 생각했다. 잃어버린 지 18년, 우연히 청계천 한 고서점에서 이야기 벗인 이 책을 다시 만나게 되었다. 어린 시절에 읽던 바로 그 책은 아니지만, 18년 만에 찾은 참으로 값진 보물이었다. 빛이 바랜 마분지이고 책 모서리가 좀으로 없어진 곳도 있어 옛 모습이어서 더욱 좋았다. 그때서야 그 책이 《삼국사기》, 《삼국유사》, 《고려사》 등에서 재미있는 설화와 역사 이야기를 뽑아서 번역해 엮은 이은상의 《조선사화집(朝鮮史話集)- 삼국·고려편》이라는 것을 확인하였다.

그날 저녁은 몹시 무더웠다. 그러나 나의 마음은 이 책을 다시 가졌다는데 대해 감사하며 마음은 더욱 뜨거웠다. 내용은 정성껏 역사서에서 뽑아 번역한 51개 설화 및 역사 이야기와 19개 색깔 있는 사진 및 삽화도 들어 있었다. 특히 앞 표지 이면 벽화는 고구려 기상을 잘 보여주었다.

1931년(소화 6년) 동광사에서 펴낸 이 책은 1936년(소화 11년)에 한성도서주식회사에서 4판이 나왔다. 내가 읽은 책은 1944년(소화 19년) 10월 13일 3판으로 한성도서주식회사에서 나왔는데 값은 3원이었다. 1월 28일에 초판이 나와 4월 30일 재판을 거쳐, 9월과 10월에 3판이 나왔으니 한국 역사에 대한 국민의 인기와 관심이 얼마나 컸는지를 잘 말해 준다.

한국 근대문학의 선구이며 특히 《이차돈의 죽음》, 《마의태자》, 《원효대사》, 《단종애사》, 《세조대왕》, 《이순신》 등 많은 역사소설을 썼던, 춘원 이광수는 1931년 3월 30일자 《동아일보》에 쓴, 이 책에 대한 서평에서, "학교에서 조선사를 배울 기회가 거의 없는 조선인에게 조선사의 민중화를 위해 이 책은 매우 중요한 임무를 다할 전에 없는 훌륭한 저술"이라고 높이 평가했다.

나의 삶과 역사의 동행자 《조선사화집》

초등학교 3학년 때부터 읽었던 박혁거세, 동명성왕, 온조의 삼국시조, 김유신, 서동요, 만파식적, 의자왕의 최후, 황산벌 싸움, 도미의 아내, 을지문덕, 연개소문, 소금 장수 을불, 평강공주와 바보 온달, 태조 왕건, 요승 신돈, 정포은 등은 항상 내 마음속의 동행자들이었다.

1959년 나는 익산에서 신병 훈련 중 미륵사를 지나며 부르던 군가인,

> 백제의 옛 터전에 계백의 정기 맑고
> 관창의 어린 넋이 지하에 혼연하니

웅장한 황산벌에 연무대 높이 솟고
대한의 건아들이 서로 모인 이곳이
오 오 젊은이의 자랑 육군 훈련소 　　육군 훈련소가 1절

〈훈련소가〉에서 초등학교 때 읽은 《조선사화집》의 황산벌 싸움터를 걷는다고 생각했다. 이 책을 읽으면서 가장 오래도록 이해할 수 없는 신비로운 이야기는 감은사와 연결된 〈만파식적(萬波息笛)〉이었다. 신라 삼국통일 문무왕이 바다의 용이 되고, 김유신 장군이 하늘의 신이 되어 신라를 지켜준다는 이야기이다. 즉 조그만 섬 위에 대나무가 있는데, 낮이면 둘이고 밤이면 하나로 합쳐지는데, 그 소리가 천지를 진동하고 비바람이 몰아쳤다. 그런데 이 대나무로 피리를 만들어 부니 병이 물러가고, 가뭄과 홍수 및 파도를 잠재운다는 것이었다. 이 신비로운 오랜 의문의 수수께끼는 1960년대 초, 황수영 교수가 문무왕 수중릉을 확인하면서 풀려졌다.

어느 날 전북 부안의 최 전 군수에게 경주 최씨의 시조가 누구시냐고 물었는데, "소벌도리 공(蘇伐都利公)"이라고 한다. 그래서 내가 "신라 초기 경주의 육촌 중 돌산고허촌장(突山高墟村長)이시군요" 라고 했다. 그분이 깜짝 놀라며, "저의 평생 그것을 아는 분 처음 만났습니다" 라고 해서 아주 반갑고 즐거운 대화를 나눈 적이 있다. 사실 이 이야기는 이 《조선사화집》 중 신라 건국의 〈혁거세와 알영〉이란 첫 이야기로서 나에게는 오래 익숙해졌었다.

이처럼 좀 먹고 90년 된 이 누런 마분지 《조선사화집》은 전공인 역사학 뿐 아니라 일상의 삶에서 아직도 나를 친근하게 동행하여 도와주고 있으니 그저 항상 한없이 행복하다.

말씀을 세 번 거역했지만

고향인 시골에서 서울을 처음 가서 입학시험을 거쳐 1950년 시작한 용산중학교 생활은 겨우 3주 만에 끝났다. 6·25전쟁이 일어났고, 아버님이 1951년 전쟁으로 희생되셔서 더 이상 서울로 진학할 수 없었기 때문이다.

38선 근처인 고향에서 북한 치하를 거쳐 9·28수복과 1·4후퇴 후 피난길이 막혀 다시 북한 중공군의 치하를 지나 피난으로 1951년 여름에야 겨우 수복이 되었다. 고향 근처인 광릉 봉선사에 개교한 신설 광동중학교에 입학한 것은 1951년 11월 26일에야 가능했다.

입학 시 학교 건물이 없어 헛간 같은 곳에서 당시 정계열 교장선생님의 구술 시험이 있었다. 내 입학서류를 살피던 교장선생님은, "너는 2학년으로 입학해도 된다" 말씀에 의아해서 이유를 물으니, "작년에 용산중학교를 이미 입학했었기 때문이다"라는 것이다.

나는 교장선생님께 "공부를 전혀 안 했는데 어떻게 2학년을 입학할 수 있느냐?"는 질문에 "너만 안 했느냐? 전 대한민국 학생이 다 안 했지!"라고 하신다. 나는 "그래도 저는 공부를 안 해서 1학년으로 입학하겠습니다"라고 고집하니 교장선생님은 "거 참 별놈 다 보겠다. 네 마음

대로 해라" 하시니, 나는 결국 스스로 1년을 지각하는 고집과 우직함을 보여준 것이었다. 이것이 중고등학교 시절 그 정 교장선생님을 부정 거역한 첫 번째이다.

고등학교 2학년 때는 국어 교사 한 분이 능력이 부족하다고 학생들이 학교에 항의하는 사태가 벌어졌다. 나도 학년 대표로 앞장섰으니, 두 번째로 교장선생님을 거역 부정한 것이다. 그래도 학생회장으로 당선되었고 교장선생님과 화해했다.

1957년 고등학교를 졸업하면서 가정 형편상 진학을 포기하고 집안 농사일을 도와야 할 때, 교장선생님이 부르셨다. "가정 형편상 진학을 못하나 술 담배를 안 하니 취직해서 돈을 모아 진학하면 되지 않느냐?" 면서 강원도 인제 영림서에 가지 않겠느냐고 물으셨다. 그러나 나는 당시 그 어렵던 취업의 기회를 준 고마운 호의를 또 거절했다.

그러고 보니 입학 때부터 졸업까지 교장선생님 호의를 세 번이나 거역 했으니 어린 나이에 너무 고지식하고 무례했다고 생각한다. 그러나 교장선생님은 나를 나무란 적은 없으셨고 나 역시 교장선생님을 원망한 적 없었으니 다행이었다. 졸업 후 내가 동문 회장과 학교 법인 이사로서 개교 50주년 때 전란 시 중학교 재건 공로를 들어 가족에게 표창장을 드렸다. 학교 안에 정계열 교장선생님의 공적을 기리는 비석을 세우는 글을 쓰기도 했으니 참으로 다행이었다. 내 비록 선생님의 호의와 말씀을 세 번이나 거절했지만, 교장선생님을 거역한 것은 아니었다고 생각하며 오직 감사할 따름이다.

노들강변 백사장에

101세의 중학교 은사가 80대 제자를 초청한 의미 있는 오찬 모임이 있었다. 남양주시 진접읍 부평리 광릉 시절 광동중학교 때 남궁 전 국어교사가 80대 제자를 점심 식사에 초청했다.

101세 남궁 전 선생님은 한국전쟁 중인 1950년대 광동중학교에 근무했다. 금년 봄에 〈백세의 반란〉이란 사진전을 개최할 정도로 건강하시다. 특히 선생님이 정년 후 전문적으로 배워서 90대에 캐나다와 알프스 등의 명산을 여행하면서 사진을 찍으셨다. 전시 뿐 아니라 편집한 동영상이 TV에도 방영되었는데 그 장엄하고 아름다운 모습을 볼 수 있어서 놀라웠다.

그때 사진전을 축하하러 왔던 제자들에게 고마운 마음을 전하기 위해 초대한 자리이어서 주위를 더욱 흐뭇하게 하였다. 특히 지팡이를 짚고 오는 제자들이 있는데도 선생님은 허리도 굽지 않고 정신면에서도 정정하여 존경과 칭송을 받았다.

선생님의 앞 테이블에는 광동학원 운허 사상연구소에서 보낸 예쁜 화분이 놓였다. 그 옆에서 선생님은 케이크를 자르고 제자들은 축하 노래를 불렀다. 광릉 숲속에서 전쟁 시기를 포함한 1950년대 중학교 시기를 회고하는 많은 이야기들로 즐거운 시간이었다.

광동학원 법인 이사로서 나는 광동중학교 최초 졸업앨범(1954) 중에서 남궁 선생님의 설문을 찾아내어 읽고 박수를 받았다. 앨범의 설문 내용은, 선생님의 신조인 "생각함에 그릇됨이 없어라"이며 흥미로운 것은 선생님의 숭배 인물이 "책상 위의 오뚝이"이었다. 다른 선생님들처럼 위대한 인물이 아니라 '오뚝이'처럼 넘어지지 않고 사신다는 목표이었던 것이다.

하시고 싶은 말씀은 "입심만 좋아서 왕왕대는 라디오 통은 되지 말자"이니 역시 말만하고 실천을 게을리하는 생활을 경고하신 것이다. 선생님은 하고 싶은 말로 '건강 제일', 좋아하시는 문구는 역시 중학교 때부터도 '생각함에 그릇됨이 없어야 한다(思無邪)'이었다.

나에게는 중2 때 특별한 기억이 있다. 혼란한 전쟁 시기이었고, 아버님을 전쟁 중 사별하고, 서울에 있는 중학교를 중단하여 매우 비관적이던 나는 되는 대로 글을 쓰기 시작했다. 그 당시는 방학 숙제 중 일기장을 제출하였는데, 한 일기장에 남궁 선생님은 다음과 같은 느낌을 써 주셨다.

노들강변 백사장에 이름 모를 발자국도
때로는 맘 있는 나그네의 마음을 이끄노니
비바람 겪을수록 뚜렷해질 이 기록은
그대 생애에 남긴 땀방울의 흔적이라
고이 간직하여 인생예술화의 도시락을 삼으라.

\- 남궁 싸인

지금 생각하면 부끄럽기 한이 없다. 문법이나 문장 모두가 엉망이었을 일기장을 이렇게 칭찬해주셨으니 말이다. 그렇다고 뒤에 문학을 전공하지는 않았지만, 1991년 《한국수필》에 등단하고 현재 종합문예지 《문예비전》을 맡아 글도 계속 쓰고 있으니 선생님의 격려 덕택 아니었는가를 항상 생각한다.

그때 그 일기장은 이제 찾을 수 없지만, 그 격려의 글귀를 그대로 기억하니 그래도 큰 기쁨으로 생각한다. 아무쪼록 오래오래 건강하시기를 기원한다.

누가 씨-저를 죽였나

1955년 초여름 고등학교 2학년 오후 영문법 시간이었다. 영문법 교과서 중, '씨-저(100-44 B.C)가 루비콘(강)을 건넜다(Caesar crossed the Rubicon.)'라는 문장을 흑판에 쓰던 한인근 선생님은 돌아서면서 좀 실망하고 불안한 듯이 학생들에게 물었다.

"씨-저가 누구인가요?"

중2 때부터 《플루타르크 영웅전》에 매료되었던 나는, "로마 공화정의 위대한 영웅이었습니다"라고 대답했다. 선생님의 질문은 계속되었다.

"씨-저가 어떻게 죽었는가요? ".

"BC 44년 원로원에게 암살당했습니다."

나도 계속 대답했다.

"누가 죽였나요?"

"캐시어스와 블루투스 등이 죽였습니다."

나의 대답이 끝나자 선생님은 매우 흥분된 어조로

"부르터스는 누구입니까? "

"씨저가 사랑하는 제자이며 부하이었습니다."

나의 대답에 선생님은 매우 불쾌하고 단호하게 “너희들 중에서도 그런 놈이 나올 줄 누가 알아?” 이렇게 자조적인 끝막음으로 미사일 같은 선생님과 나의 대화는 끝났다. 순간 나는 “아차! 내게 쏘신 화살이었구나!”라고 생각하며 얻어맞은 기분이었다. 학급 학생들은 아무도 이 역사 문답의 의미를 이해하지 못하였다.

그런데 바로 그날 학생들은 국어 교사 한 분을 반대하는 진정을 교장 선생님께 건의하려고 전교생 서명을 받은 날이었다. 당시 고등학교 2학년 대표가 나이었고, 한 선생님은 훈육주임이었으니 최근 학생운동과 같은 상황이었다. 중3 때부터 나의 담임이고 함께 전시 중에 학교 사상 최초의 앨범을 만들기도 했다.

한인근 선생님은 서울 공대를 졸업한 물리 담당 교사이었다. 수학과 화학 및 영어와 독일어 과목은 물론 음악에도 대단한 애정을 가지고 있어 합창반을 조직하여 KBS 출연도 하였다. 이렇듯 다양한 능력을 가진 중고교 시기 내가 만난 가장 우수한 선생님이었다.

물리 선생님의 숭배 인물은 Beethoven, 취미는 음악, 항상 일기를 쓰라고 권하며 사진을 직접 찍어 앨범에 학생 수 대로 부치던 일들이 모두 놀라운 추억이었다.

최초 앨범도 만들었으니 각별한 인연과 관계이어서 선생님은 내게 매우 실망과 서운함이 크셨던 것이다. 물론 그 분을 학생들이 반대한 것은 아니었다. 사태가 끝난 뒤 선생님은 서울대를 거쳐 미국으로 가서 프로리다대학에서 물리학으로 박사학위를 받아 New York State 대학 교수로 임명되었다. 그로부터 30년간 미국에서 대학교수로 있다가 1994년 70세로 은퇴하여 근 100세의 노년을 보내고 계시다고 한다.

특히 음악을 사랑하며 전교생을 상대로 76명 합창단을 만들어 활동하던 한 선생님은 1953년 10월 11일, KBS 즉 HLKA에 출연하여 광동의 목소리를 우리나라와 전 세계에 알렸다. 그 당시 느낌을 선생님은 앨범에 이렇게 썼다.

"깊은 숲과 그 속에서 빛나는 고적(古跡)을 그리며 광릉의 한적한 숲을 찾아온 사람은 누구나 이 천고의 밀림 사이에 흐르는 혼성합창의 은은한 울림에 발을 멈추지 않을 수 없으리라. 10월 11일, HLKA의 스타디오에 섰다. 실내에는 침묵이 흘렀다. 벌써 우리들의 전신에 땀이 흐르기 시작했고, 어딘지 모르는 깊은 구렁으로 한없이 내려가는 것만 같다.

…6시 45분: "이 시간에는 멀리 양주에서 오신 광동중학교의…" 하는 아나운서의 목소리. 아! 그 순간, 홍수같이 쏟아져 흘러나오는 하모니-전 공간에 협화(協和)된 소리 떼가 충만하여 우리들 몸 자체가 없어지고 다만 혼(魂)만이 멜로디와 같이 부유하고 있는 화음(和音)의 세계!" (사진과) 한 선생님은 광동학원 교사 생활 중 역시 합창단을 가장 깊게 회고하며, "광릉의 울창한 숲속을 흐르는 맑은 시냇물, 그 한가운데 자리 잡고 있었던 광동학교는 나의 영원한 마음의 고향이다. 특히 내가 창단한 광동 합창단은 한국을 떠난지 50년이 넘는 오늘까지도 나의 기억에서 사라지지 않는 아름다운 추억이다. 돌이켜 생각해 보면, 그 당시 나는 음악과 관계없는 전공을 했으면서도, 자진해서 음악을 가르치겠다고 나선 용기가 어디에서 나왔는지 아마도 젊음이 나를 그렇게 몰아 온 것이 아니었을까 생각한다."

참으로 처절한 전쟁 시기 아름답고 가슴 뭉클한 광릉 숲속의 중교교 시절, 넘치는 추억의 큰 원천이다. 광동중학교 개교 70주년이 되는 때에 나는, "2학년으로 입학하라는 정 교장님의 권유와, 가정 형편상 진학을 포기했을 때, 영림서에 취직하라는 권유도 두 번이나 뿌리쳤지만, 역사가로서 최근 정 교장님의 묘지 비문과 교내 공적비 비문을 쓰게 된 것을 영광스럽게 생각합니다.

다만 지난 해 발간된 《광동군을 일구다》의 저서는 내가 발의 기획했으나 마무리가 미흡하여 부끄럽게 생각합니다. 지금 개교 70주년을 맞는 광동학원은 교사 260명 학생 2,800여 명에 이르는 큰 학원으로 성장했습니다. 고등학교는 광동중학교 졸업생이 절반도 입학이 어려운 남양주 지역 최고 영문이 되었습니다.

저는 사학자로서 광동학원의 《광동 60년사》와 《광동발전사》 등으로 광동학원 역사와 전통을 기록으로 남기는 작업에 최선을 다 하고 있습니다. 그동안 자주 연락드리지 못해 죄송합니다. 아무쪼록 오래오래 건강하시고 가내 더욱 행복하시기를 기원합니다"라고 했다.

이미 100세에 이르시는 선생님이 오래도록 건강하시기를 기원할 뿐이다.

산(山)에 물어보고

4·19학생운동이 일어난 1960년 나는 사학과 1학년 학생이었다. 아직 학생 수가 많지 않아서 교양과목 시간이면 문리대 국문과·영문과·지리과 등 학생과 함께 수강하는 경우가 자주 있었다. 당시 교양과목으로는 인문계통의 국어·영어·문화사·한문 등이 있었다. 교양 한문을 담당한 분은 성균관대학 조정(趙楨) 교수였는데 키가 작고 조금 뚱뚱한 편으로 아주 자상하고 좋은 분이었다.

"여러분들 자전거를 타고 언덕을 내려오는 사람을 보면 세상에서 자전거 타기가 제일 쉬운 것 같지요? 그러나 언덕을 올라갈 때 탈 수가 없어서 힘들게 끌고 올라가는 것을 사람들은 생각하지 않습니다. 즉 인생에서 성공한 사람들은 자전거 타고 언덕을 내려오는 모습인데 사람들은 그 전의 노력은 생각하려 하지 않습니다"라는 경구가 섞인 말씀이 지금도 생각난다.

어느 한문 시간에 선생님은 갑자기 학생들에게 누가 옛날 서당식으로 읽어 보라는 것이었다. 서당식으로 읽는 것은 창을 하듯 큰 목소리로 느리게 토씨를 붙여 곡을 넣어 읽는 것이다. 서당에서는 하루종일 같은 교재를 반복해서 외워야 되므로 몸을 옆으로 또는 앞뒤로 흔들면서 그렇게 읽었던 것이다.

나는 어렸을 때 초등학교 입학 전 한문을 배웠기 때문에 좀 멋쩍은 일이지만 손을 들었다. 그리고 목청을 가다듬어 옛날 그때를 생각하며 읽어 내려갔다. 그러한 경험이 전혀 없는 여러 학생들에게는 실로 보기 드문 독서법이었을 것이다. 학생들은 처음에 호기심으로 가득했지만 결국 모두 크게 웃어서 나는 조금 창피한 생각도 들었다. 결국 여러 학생들에게 널리 알려지게 되었다.

그렇게 어려운 한문을 느리게 읽어야 사실상 머릿속에 빨리 이해될 수 있었다. 왜냐하면 한문은 우리말과 다르므로 느리게 읽으면서 그 의미를 생각할 수 있었기 때문이다. 지금도 소동파의 〈적벽부(赤壁賦)〉 등을 창으로 부르고 있는 것은 바로 그 형식이어서 흥미 있는 일이다. 사실 학습이나 종교의식에 있어서 리듬이란 매우 중요한 것이다. 시나 종교음악 등이 이 때문에 사람들에게 감동을 주어 그의 효과를 크게 할 수 있는 것이다.

다른 교양 한문 시간에 조정 교수님은 흑판에 꽤 긴 한문 문장을 구두점이 전혀 없이 썼다. 사실 구두점을 찍을 줄 아는 사람은 이미 한문의 뜻을 반은 파악했다고 말해지기도 한다. 선생님은 학생들에게 누가 그것을 해석해 보겠느냐고 말씀하셨다. 그러나 아무도 선뜻 나서는 학생이 없었다. 가만히 그 문장을 살펴보니 뜻이 통할 것 같아 나는 해석을 자청했다.

"매는 본래 산중의 새인데, 산에서 잡아서 산중에서 잃어버렸으니 산에 물어보고 산이 대답을 하지 않으면 즉각 (산을) 잡아오라 (夫鷹者本山中之物獲於山放於山問山不答卽刻捉來)"는 내용이었다. 그러자 교수님은, "요즈음에도 인재가 있군!" 하시며 분에 넘치는 칭찬을 해 주셨다. 그러고 나서 그 문장의 유래를 설명해 주셨다. 중앙정부 고관이

지방에 있는 산에 가서 매사냥을 하다가 매를 잃어버려 그 지방 관리에게 매를 찾아내라고 호통을 쳤다. 이때 아주 지혜가 깊은 그 지방 관리가 이처럼 대답하여 고관으로 하여금 자기의 잘못을 곧 깨닫도록 해주었다는 것이다.

이로써 나는 한문시간에 유명해져서 마음의 부담이 커지게 되었다. 준비도 많이 해야 하고 실수를 해서는 안 되었던 것이다. 학기말 시험에 교수님은 배운 내용 전체를 외우며 구술시험을 받을 사람은 신청하라는 것이었다. 나는 서슴지 않고 구술시험에 응하기로 했다. 입학시험이나 독일에 유학 후 학위시험을 제외하면 대학 4년 동안 유일한 나의 구술시험이었다.

당시 외워야 할 내용은 사서(四書)에서 뽑은 중요문장들과 문학으로 굴원(屈原, BC 343-?)의 〈어부사(漁父辭)〉, 제갈량(諸葛亮, 181-234)의 〈출사표(出師表)〉, 도연명(陶淵明, 365-427)의 〈귀거래사(歸去來辭)〉와 소동파(蘇東坡, 1036-1101)의 〈적벽부(赤壁賦)〉 등 명문이었다.

시험에서 다행히 모두 외울 수 있었고 내용에 대한 질문도 이해할 수 있어서 아주 좋은 성적을 받게 되었다. 한문은 특히 국어 과목과 밀접하게 연관되어 있어 나에게는 국어와 함께 항상 관심과 흥미 있는 과목이 되었다. 지금보다는 덜 하지만 그때에도 영어가 대단히 중요시 되었는데 한문을 잘한다는 것이 그리 큰 자랑이 될 수도 없었다. 그러나 내가 동양사를 전공하게 됨에 따라 한문은 나에게 있어서 매우 중요한 외국어 아닌 외국어였다.

대학원 입학시험 때 중국어를 제2 외국어로 선택했는데 90점 이상을 받았다고 지도교수님이 칭찬을 해주셨다. 그 후 시험을 출제한 윤영춘 교수님을 만났을 때 "더욱 열심히 하라"는 격려를 받았다. 윤 교수님은 계속해서 "한문만 가지고서는 부족하니 서양 외국어를 함께 잘 해야 한다"고 덧붙여 말씀하셨다. 그러나 당시 그 말씀의 뜻을 제대로 이해하지 못했다.

그 후 나는 중국사를 계속하기 위해 본고장이 아닌 독일로 유학을 떠나게 되었으니 윤 교수님의 말씀을 사실상 더욱 실감하게 되었다. 독일에서 내 학문과 학위논문에 있어서 한문과 중국어가 절대적으로 중요하였음은 말할 필요가 없다. 특히 서양에서 공부를 했으니 서양 사람 입장에서는 내가 한문을 대단히 잘하는 것으로 보였을 것이다.

그러므로 교양한문 시간에 조정 교수님의 과도한 칭찬이나 윤영춘 교수님의 미래를 전망하는 충고의 말씀은 내게 있어서 항상 적지 않은 격려와 위안이 되곤 하였다.

따라서 학문과 연구를 병행해야 하는 나에게 대학생활에서 그 두 가지 못지않게 중요한 것은 학생들에게 잠재된 능력을 확인시켜 주고 미래의 전망을 기초로 한 자기계발을 격려하는 일일 것이다. 오늘 나는 우연히 1960년 교재였던 《교양한문》의 낡은 책을 보면서 그때 조정 교수님과 윤영춘 교수님을 번갈아 생각한다.

안 물러가겠다

사학과 1학년에 입학하자마자 우리는 역사적인 4·19학생운동을 경험하게 되었다. 학생들에 의해 자유당 이승만 대통령의 장기집권이 무너졌으니, 기성세대들은 할 말을 잃었고 학생이 중심이 된 젊은 세대들의 발언권은 더욱 거세어졌다.

4·19 직후에는 경찰이 무력화되어 큰 대학 학생회 간부들이 경찰서 치안을 일시 담당한 적도 있었다. 지금 생각해도 확실히 단절과 변혁의 혼란한 시대였던 것이다.

당시 인기 작가였던 정비석(鄭飛石) 씨는 《한국일보》에 〈폭풍전야〉라는 소설을 연재하기 시작했다. 그는 여러 가지 곡절을 겪으면서 4·19를 이끌어내는 학생들의 모습을 그리겠다고 말했다. 그러나 그 소설은 3회 연재로 끝나고 말았다. 왜냐하면 학생들의 항의가 거세게 일어났기 때문이다.

그 소설 속에 돈 100원이 있으면 서울대 학생은 책을 사고, 고려대 학생은 막걸리를 마시고, 연대 학생은 구두를 닦는다는 내용이 들어 있었다. 이에 대해 연세대 학생들이 크게 반발하였다. 서울대 학생처럼 열심히 공부하는 모습이나, 고대 학생의 호탕한 모습과는 달리 구두를 닦는 사치성에 자기들을 비교했다는데 대해 거세게 항의한 것이다.

그의 내용이 옳고 그른 것 보다 그 당시 학생들의 발언이 갖고 있는 힘이 얼마나 컸었는가를 잘 알 수 있는 하나의 좋은 실례였다. 그러므로 '불의와 독재를 그대로 묵인한 기성세대들은 물러가라'는 젊은 학생들의 외침이 도처에서 자주 일어났다. 그러한 분위기를 사회적인 대혼란으로 보는 견해도 있었다. 그 다음 해에 일어난 5·16 군사정권의 출현도 그러한 명분을 배경으로 하고 있었다.

그해 여름 문리과대학 3층 강의실에서 고려대학교 김학엽(金學燁) 교수님의 서양고대사 시간이었다. 김 교수님은 평안도 출신으로 일본에서 공부하고 성격이 아주 예리한 분이었다. 강의시간이면 그리스의 역사에 대해서 입에 침이 마를 정도로 열심히 설명해 주셨다. 너무 상세히 하다 보니 서양 고대사가 그리스 역사에서 중단되기도 했다.

그 날은 맑은 날씨에 몹시 무더웠다. 당시 문리대 3층에서 태릉 쪽을 내다보면 모두가 산과 들뿐이었다. 지금 보는 도로나 도시는 전혀 형성되지 않았을 때였다. 어떤 학생이 더위를 못 참아 소리를 내어 하품을 하고 말았다. 혹 피로해서 기지개를 펴는 학생도 있었다.

"여러분들! 저 밖을 좀 내다 보십시오. 벌판에는 농부들이 일하느라고 땀을 흘리고 있습니다. 여러분들의 부모님들도 고향에서 저와 같이 일하고 계실 겁니다. 그런데 여러분들은 지금 시원한 강의실에서 공부를 하고 있습니다. 그런데도 그 정도의 더위를 못 참고 한숨을 쉬고 하품을 하며 좁니까? 그러면서도 기성세대들은 물러가라고 외칩니까? 나는 절대로 물러가지 못합니다. 그처럼 약한 여러분들에게 맡기고 물러갈 수는 없습니다. 절대로 안 물러갑니다"라고 호통을 치시는 바람에 모든 학생들은 정신이 번쩍 들었다.

우리 중 어느 누구도 아무 말도 할 수 없었다. 졸던 학생들도 정신이 번쩍 들었다. 사실 우리 젊은 학생들이 단순히 정치적 독재를 타도했다는 자부심에서 피상적으로 세대 교체를 외쳤지만, 김 교수님의 말씀과 같은 구체적인 문제에 대해서 아무도 생각해 보지는 못한 상태였다.

인류 역사에서 변화와 세대 교체는 극히 중요하며 또 일상적인 것이다. 그것은 항상 이루어져야 하고 그 시기나 방법을 잃었을 때 커다란 혼란이 오기 마련이다. 4·19때 외쳤던 학생들의 기성세대 배격론은 그 후 1980년대 우리나라 학생들의 반군사독재투쟁에서 더욱 격렬해지고 장기화되었다.

그 당시 학생들은 세대 교체를 요구하기 보다는 아예 기정사실로 생각하고 스스로 조직을 통해 목소리를 내기 시작했다. 그것은 기성세대가 할 수 없는 정당성을 가질 때도 있었다. 그러나 때로는 너무 경직되거나 대학의 학문적 분위기를 해치는 경우도 적지 않았다.

그와 관련해서 반독재투쟁에 기성세대들, 특히 대학 교수들이 참여해주기를 요구했다. 그들은 '행동하지 않는 지성은 참된 지성인이 아니다'고 강조했다. 이러한 분위기에서 교수들은 갈팡질팡했다. 군사독재를 유지하려는 정부당국과 그와 맞싸우는 학생들과의 사이에서 설 자리를 찾기가 매우 어려웠던 것이다.

정부 측에 가까우면 '어용'으로 낙인 찍히고, 학생들의 우상이 되면 정부 측에게 핍박당하는 어려움을 겪게 되었다. 여기에서 교수가 걸어야 할 올바른 길은 학문 연구와 교육의 충실이란 객관적인 길이었다. 그럼에도 불구하고 정부와 학생은 교수들을 모두 자기편으로 끌어넣으려고 노력하였다. 이러한 분위기는 군사정권이 퇴장하고 문민정권이 수립되면서 크게 호전되고 있다.

그렇지만 10여 년 오랜 투쟁과 남북분단의 특수한 환경 속에서 우리는 아직도 적지 않은 진통을 겪고 있다. 그것은 바로 우리의 약점이기도 한 융통성 부족이다. 변화하는 시대와 역사에 적응하면서, 교수나 학생이 지향해야 할, 아무도 거부할 수 없는 목표와 과제를 수행하는 것이, 바로 가장 중요한 해결의 방법이 될 것이다.

기성세대도 있고 젊은 세대도 있는 것이 우리 사회의 정상적인 모습이다. 서로가 서로를 돕고 보충하면서 우리 사회는 발전해가는 것이다. 《논어(論語)》 속에 보면 옛것을 배워 새것을 안다는 말이 여기에도 해당될 것이다. "기성세대 못 물러가겠다!"던 김학엽 교수님 말씀이 오늘날에 와서 내게도 커다란 공감을 주는 것은 매우 서글픈 일이지만, 그러나 한편으로는 의미 있는 것이기도 하다.

최근 이승만 정권 타도에 앞장서서 싸웠던 이미 노년이 된 4·19세대 주요 인사들이 동작동 국립 현충원에 있는 이승만 대통령 묘소를 참배했다는 언론 보도에 접하였다. 시대마다 지도이념이 있다는 역사가 랑케의 말과 같이 인류역사에서 세대와 시대차는 불가피한 것이다. 서로가 이해하고 화해하는 지혜가 바람직한 미래를 만들어갈 것이라고 생각한다.

통일이 되는 날에

엄영식(嚴永植, 1920-2004) 교수님은 1952년 부산 신흥초급대학 시절부터 우리 학교에 부임해 1955년 사학과 창설을 주관하였다. 1985년에 정년을 맞아 명예교수로서 1990년대 중반까지 강의를 하였으니 명실 공히 사학과 원로교수이며 동시에 사학과 반세기 역사였다.

평안북도 정주군 갈산면에서 출생한 선생님은 오산중학교를 졸업한 후 1941년 동경 제2 와세다고등학원을 수료하고, 와세다대학 문학부에서 동양사학을 전공하여 1943년 12월 졸업하였다.

중학교 역사교사가 꿈이었던 선생님은 일제 학도병으로 강제 징집되어 일본 육군 서주(徐州)부대 이등병으로서 중국 전선에 투입되었다. 입대 전, 엄 교수는 군대를 피할 수 있는 길을 찾아 총독부 기관지로서 《경성일보(京城日報)》 기자시험에 응시하였으나 실패하였다.

엄 교수는 중국 전선에서 일본 학도병 때부터 1947년 4월까지 목숨을 걸고 세 차례나 탈출에 성공했다. 첫 번째는 1944년 일본군 병영을 탈출하여 중국 공산군 해방구인 팔로군(八路軍)에 편입되었다. 그는 신사군(新四軍)게릴라 지역을 20여 일 동안 걸어 〈조선독립동맹〉이 있는 강소성 홍택호 부근 반성(半城)에서 다른 학도병들을 만났다. 따라서 그는 일본 학도병에서 이제 중국공산당이 되었다. 여기서 그는 뒷날 북한에 큰 세력을 형성한 최용건, 김무정 등 유명한 인물들을 만나고 항일군정대학에서 문화교육을 강의하였다.

그러나 그는 출신계층이나 지식 및 성격상 공산주의에 적응할 수 없다고 믿어 군부대를 이탈하여 1946년 1월 20일 징집된 지 만 2년 만에 고향으로 돌아왔다. 이는 자기 조직에 대한 배반이었다. 또한 출세가 보장되어 있는 운명에 대한 항거였다. 그는 고향인 오산중학교에서 교사로 부임했으나 탈출 때문에 반동으로 몰려 신의주 감옥을 거쳐 정주중학교로 전근되었다.

여기서 그는 토지개혁 등 공산화, 사회의 갈등 및 닥쳐오는 신변의 위험을 느끼면서 다시 탈출의 모험을 단행했다. 그의 일생 중 마지막 탈출은 남쪽 대한민국이었다. 즉 첫 번째 탈출은 일본군으로부터 민족적인 탈출이었으며, 두 번째는 공산주의로부터, 세 번째는 고향과 공산주의를 함께 버리고 남쪽의 막연한 자유를 향한 탈출이었다.

선생님은 키가 크시고 미남으로 근엄하면서도 인자한 분이셨다. 처음에 이화대학에서 강의할 때 수업이 끝난 후 학생들에게 "잘 이해를 했는가?"라는 질문을 했다고 한다. 학생들은 "교수님, 한마디도 못 알아들었습니다"라고 대답해 선생님은 껄껄 웃으시면서 "학생들, 평안도 사투리를 배우라우"라고 그 당시를 회고하셨다. 돌아가실 때까지도 평안도 사투리를 모두 버리지 않았다.

선생님은 매우 술을 좋아하셔서 식사 때마다 반주가 빠지지 않았으며, 또 노래도 잘하셨다. 한편 선생님은 권력자에게 아부하기를 싫어하셔서 속칭 출세에 도움을 받지 못했을지 모른다. 그러나 그처럼 어려운 환경을 딛고 시종일관 교육자로 2남 2녀를 둔 행복한 가정의 가장으로 사학과 교수와 명예교수로 생을 마치셨다. 그리고 이러한 생활 의식은 아마도 그분이 겪은 고난 속에서 체험을 통해 생활화된 것으로 믿어진다.

우리 사학과 졸업 사은회에서 엄 교수님은, "두만강 푸른 물에 노 젓는 뱃사공"을 멋지게 부르셔서 환호와 박수를 받으셨다. 이 노래는 허리 잘려 동강난 조국의 산하와 기약 없이 헤어진 이산가족들의 비애가 담겨 있다. 가수 김정구의 구성진 목소리로 우리들을 매혹시켜 주는 훌륭한 대중가요이다. 특히 강산의 북쪽 끝인 두만강이나 헤어진 님을 다시 그리워하는 것은 우리 민족 모두의 아픔을 잘 표현해 주기에 충분하다.

"이것은 내레 화류계에 데뷔할 때 부른 노래외다" 하시는 선생님의 유머에 우리들은 또 한바탕 크게 웃었다. 엄 교수님은 말씀을 계속하셨다.

"내레 일본에서 대학을 채 마치기 전에 학병으로 끌려가 중국 대륙 일본군에 배치되었수다레. 그 후 밤중에 탈영하여 중공군 팔로군(八路軍)에 들어갔다가 그곳에서 8·15해방을 맞았지요."

그때를 회상하며 감격하시는 듯 선생님은 잠시 말씀을 멈추시더니 다시 이으셨다.

"당시 차가 있어야지요. 내레 걸어서 고향인 평양까지 왔수다레. 어두운 밤에 두만강을 건너오는데, 정말 감개무량합디다. 어두워서 잘 보이지는 않으나 강은 넓지 않고 물은 그저 검게만 보이더군요. 정말 다시 한번 가보고 싶습니다. 그러나 이제 내 나이에 다시 그럴 기회가 있겠습니까. 여러분들이야 내 대신 꼭 한번 가보시라요" 하시면서 애수에 젖은 회고의 말씀을 끝내셨다. 순간 그 자리에 있던 교수와 학생들은 분단과 이산의 쓰라림으로 얼룩진 한국 현대사를 아프도록 실감하면서 모두 숙연해지지 않을 수 없었다. 나는 자신도 모르게 선생님의 말씀을 이었다. 북방을 이민족에게 점령당하여 남북으로 갈라졌던 중국의 송 시대의 육유가 생각나서였다.

"옛날 중국 남송의 애국시인이었던 육유(陸游, 1125-1210)는 그의 〈시아(示兒)〉라는 시에서, '다만 중국의 통일을 보지 못함이 슬플 뿐이다(但悲不見九州同). 우리 군대가 북으로 중원을 정복하는 날 (王師北定中原日) 집안의 제사 때 이 늙은이에게도 그 사실을 잊지 말고 알려다오(家祭毋忘告乃翁)'라고 읊었습니다. 지금 이 자리에서 우리 선생님의 말씀을 들으며 이 송대 애국시인 육유를 생각하게 되니 감개가 깊습니다. 선생님의 간절한 소망이 하루 빨리 이루어질 수 있도록 우리 모두 함께 노력하여야 하겠습니다."

말을 마치자 우리 모두는 선생님께 격려의 박수를 다시 보냈다. 그러자 선생님은 "'죽어 가면 만사가 헛되다는 것을 내 원래 잘 알지만(死去元知 萬事空)'이라는 앞의 한 귀절을 신 선생이 뺐군요"라고 지적하신다. 사실 나도 그것을 알고 있었지만, 연로하신 선생님 앞에서 죄송해서 차마 말씀드릴 수가 없어 의식적으로 생략했던 것이다.

엄 선생님은 며칠 전 전체 교수회의 석상에서 있었던 정년 퇴임식에서 맹자의 말대로 "영재(英才)를 얻어 교육하는 즐거움을 갖게 된 것"에 대해 한없이 감사할 뿐이라고 아주 간단히 말씀하셨다.

해마다 이맘때면 우리 대학은 졸업생들을 내보내며 사은회를 갖는데 오늘처럼 격의 없이 흐뭇하고 감동적인 때는 일찍이 없었다.

즉 46년 전 어느 날 밤 어둠 속에서 건너시던 두만강을 우리 선생님께서 다시 가보시고, 그 강가에서 '눈물 젖은 두만강' 노래를 목메도록 부르실 수 있기를 간절히 바라고 싶다. 그래야 중국 시인 육유처럼 후손의 제사를 기다리지 않고도, 두고 온 산하를 생전에 다시 보실 수 있겠기 때문이다.

그러나 선생님은 남송의 육우처럼 이미 세상을 떠나셔서 이제 다시 두만강을 가실 수 없게 되었다. 육유처럼 후손들을 통해서만 통일과 두만강 소식을 들을 수밖에 없으니 서글픈 마음 금할 수 없다. 그리고 선생님이 창설하고 길러주신 우리 사학과는 더욱 발전하고 있어 선생님을 다시금 추모하며 머리 숙여 삼가 감사를 드린다.

귄터 데본 교수

독일 하이델베르크 대학에 도착한 후 얼마 안 되어 나는 그 대학 중국학과장이었던 귄터 데본 교수를 방문하였다. 나의 전공과 관심 분야를 설명하고 지도를 받고 싶다고 하니까 "네, 좋습니다. 그러나 그것은 매우 기나긴 과정이 될 것입니다"라고 신중하게 대답했다. 그 당시 나도 한국의 다른 유학생들처럼 학위에 대한 조급성 때문에 그의 말에 매우 실망도 했었다. 그분은 8년간 나의 석·박사 과정 지도교수가 되었고, 그분 말대로 나의 학위 과정은 8년이란 시간을 필요로 했다.

지금 생각하면 이러한 과정은 졸속과 첩경이 금물인 학문을 위해 나에게 커다란 인내와 끈기란 체험을 주었기에 오히려 다행으로 생각하고 있다. 선생님은 별로 크지 않은 키에 흐트러짐 없는 몸가짐으로 우리 동양인 못지않게 동양적인 느낌마저 주는 분이었다.

특히 데본 교수는 일찍이 독일에 가서 공부하고 문명(文名)을 떨쳤던 한국인 이미륵 씨에게 뮌헨 대학에서 한시(漢詩)를 배웠다고 한다. 이미륵 씨는 3·1운동 때 일제에 쫓겨 멀리 독일까지 유학했고, 그가 쓴 《압록강은 흐른다(Der Yalu fliesst)》는 독일 중고등학교 교과서에 실릴 정도로 잘 알려졌다. 데본 교수는 아직도 그를 "참으로 좋은 분이었다"고 회상하며 칭찬한다.

선생님은 동양학에서도 특히 정신사에 관심이 커서 '공자로부터 모택동에 이르기까지 중국인들의 시문'을 통해 본 《중국의 정신세계》를 저술하기도 하였다. 데본 교수는 시문과 문학사에 관심을 가져 당시(唐詩)를 번역하고 송대의 《창랑시화(滄浪詩話)》를 연구하였다.

특히 그는 동양 기본사상들인 불교, 도교를 좋아하여 《도덕경》을 번역하였다. 시문과 문학을 전공했기 때문인지 그분의 언어는 아주 섬세하고 정확하였다.

어느 수업시간에 독일 학생들의 독일어 문장이 엉망이라고 질책할 때 외국인인 나로서는 쥐구멍을 찾고 싶을 정도로 움츠러들 수밖에 없었다. 나의 독일어 및 문장력은 그에 비해 너무 초라했기 때문이었다.

그분은 지나칠 정도로 꼼꼼하고 철저한 성격이어서 강의 시간 시작 종이 울리자마자 기다렸다는 듯이 강의실 문을 들어서는 인간 시계였다. 한 학기 마지막 시간에는 그 학기 전 강의 시간 수를 잊지 않고 계산할 만치 치밀했다.

대부분 독일 대학 강의 시간이 그렇듯이 데본 교수의 강의 시간은 내가 있었던 8년간 전혀 바뀐 적이 없고, 정년퇴임 때까지 계속되었다. 그 선생님은 장학금을 신청하는 학생들의 추천서에 "활동 없이 조용히 규칙적으로 참여만 하였다"라고 쓸 정도로 매정하리만치 정확했다. 지난 80년 59회 생신 때 학생들이 마련한 조촐한 축하연에서 "오늘도 정상적인 수업을 하려 했는데, 주정부 교육부에서 하루 휴가를 주었다"고 인삿말을 해서 만장의 웃음과 갈채를 받았다.

"많이 하기 보다는 정확하게 하라"는 교수님의 말씀은 과욕이라는 잘못을 저지르기 쉬운 나의 학문과 인생에 훌륭한 교훈이 되었다. 어느 강독시간에 서투른 나의 중국어 발음을 잘 이해할 수 없다던 선생님은

"한국이 오히려 북경에 가까우니 신(申) 군 발음이 우리보다 더 정확할지도 모른다"고 해서 학생들과 함께 웃은 적이 있다.

언젠가는 타이완 씨에(謝)라는 학생이 중국사에 대한 질문에 대답을 못하자 중국 사람이 왜 중국사를 모르느냐고 반문한 적이 있었다. 이때 중국학생은 초등학교 때 배워서 이미 잊어버렸다고 하니 교수님은 "나도 초등학교 때 독일사를 배웠으나, 아직 잊어버리지 않았다"고 해서 폭소가 터진 적도 있었다.

나와 함께 입학한 두 독일 학생이 박사논문을 쓰겠다고 데본 선생님을 찾아갔다. 그때 선생님은 간단한 테스트 후에 한 학생은 바로 박사학위 논문을 쓰게 하고, 다른 학생은 석사논문부터 쓰라는 참으로 야박한 결정을 내렸다. 석사논문을 쓰게 된 학생은 불평이 컸으나 그대로 승복했다. 아마도 이처럼 교수의 권위가 존중되는 나라는 독일 이외에는 드물 것이다.

그 후 탁 군은 부쯔 군의 석사학위보다 먼저 박사학위를 끝낸 것을 보고 나는 선생님의 판단과 식견이 예리했음을 절감하였다. 탁 박사는 이제 교수가 되었고 부쯔 군은 베를린 동양예술 박물관 부관장으로 현재 활약하고 있다. 지금은 그들 중 누구도 데본 선생님을 원망하지 않는다.

1981년 5월에 맞은 60회 생신 때 우리 부부는 축하 서신을 보냈다. 이에 대한 회답에서 교수님은 중국 명대의 유명한 문인이었던 원굉도(袁宏道, 1568-1610)의 〈점점시(漸漸詩)〉를 우리에게 써 주었다. 그 시의 내용은,

"밝은 달이 점점 높아지는데, 푸른 산은 점점 낮아지고,
꽃가지가 점점 붉어지는데, 봄빛은 점점 이지러지네.

녹봉과 음식은 점점 많아지는데, 치아는 점점 드물어지고,
애첩은 점점 늘어나는데, 얼굴빛은 점점 초췌해지네.

우리는 이제 더 이상 전성기가 아니니
젊음이 가는 때에야 비로소 즐거움은 오는 것,
행복의 천사와 불행의 여신은 잠시도 떨어지지 않는구나.

천지는 모두 결함투성이이고 인간의 세상은 전부 뒤죽박죽이니,
우리는 그 어느 곳에서 지극한 즐거움을 찾을 것인가.
공손히 고개 숙여 선사에게 그것을 물어나 보세"

(明月漸漸高, 青山漸漸卑, 花枝漸漸紅, 春色漸漸虧
祿食漸漸多, 牙齒漸漸稀, 姬妾漸漸廣, 顏色漸漸衰
賤當壯盛日, 歡非少年時, 功德暗黑女, 一步不相離
天地有缺陷, 人世總參差, 何方尋至樂, 稽首問禪師) 였다.

이 시를 독일어 번역으로 보내주면서 "인생 칠십 세의 진입은 진실로 감개 깊은 순간으로 이제야말로 학문적인 수확을 거둘 때"라고 그의 학문적 열정을 과시했다. 1980년대 초 경향신문에 '나의 스승'이란 제목으로 작은 글을 쓴 적이 있는데 이를 선생님께 번역해서 보내드린 적이 있었다. 그 뒤 내가 독일에 들렀을 때 선생님은 매우 만족해하면서 아주 영광스런 일이라고 기뻐하셨다.

1983년 다시 독일에 갔을 때, 나는 대학생이 되었을 그분의 아들이 무슨 공부를 하느냐고 물었다. 선생님께서는 아무 것도 안 한다고 해서 나는 의아했다. 그런데 선생님의 말씀은 "아들이 물고기 기르는 데 취

미가 있어 양어장을 운영하기 위한 학교에 다닌다" 는 것이었다. 그분의 말씀이 하도 진지해서 나는 독일인의 솔직하고 부끄러움 없는 직업의식에 대해 다시 한 번 감탄하지 않을 수 없었다.

지난 해 내가 보내 드린 크리스마스 카드의 회답에는 "연못가의 버들가지가 물속으로 휘어 늘어지고, 지난날 회상의 가지들은 다시 위로 솟아 오른다"는 소명태자의 시를 써서 지나간 학문의 시간들을 길게 회상하셨다.

나의 아내도 그분에게서 부전공으로 석·박사 학위과정을 이수했으니, 우리는 드물게 보는 부부 제자인 것이다. 그분 역시 멀리서 온 동양인 우리 부부 제자에 대해서 매우 흡족하게 생각하시는 듯하였다. 정년퇴임 후에도 선생님께서는 여전히 보다 더 정력적으로 중국 문학에 마음을 묻고 계시다. 선생님께서는 언제나처럼 지금도 변함없이 시계추처럼 틀에 짜인 생활을 계속하고 계시다.

선생님의 네카게뮌트 자택은 양쪽 울창한 숲과 아름다운 꽃들이 잘 조화된 사이로 꾸불꾸불 흐르는 네카강 계곡의 절경에 자리 잡고 있다. 선생님은 중세 대학 도시인 하이델베르크를 왕래하는 가운데, 그분의 인생과 학문이 함께 노경의 완숙으로 점점 더해 갈 것을 믿는다. 또 나는 진심으로 그렇게 바라고 있다. 그분이 대단히 좋아하시는 노자(老子)처럼 선생님께서는 그의 뜻있는 여생을 조용하고 아름다운 자연과 함께 만족스럽게 보내고 있었다.

나는 하이델베르크를 들릴 때마다 전화를 하고 그분을 만나 식사하며 지난 날을 회고했다. 2005년 여름, 내가 동독 지역의 에어푸르트에 머물 때 하이델베르크에 들려 시내 음식점에서 데본 교수를 만나 함께 식사하며 환담했다. 건강이 전혀 문제가 없어 보였는데 내가 귀국 후 그해 겨울에 세상을 떠나셨다고 한다. 85세에 세상을 떠나셨으니 장수한 편이나 매우 아쉽다. 하이델베르크 대학과 중국학과 그리고 나의 석·박사 과정 지도교수로서 데본 교수는 내 마음속에 평생동안 잊혀질 수 없는 아름다운 기억을 담고 계신 분이다.

"내가 만일 당신이라면, 그런 논문을 쓸 수 없습니다. 중국어와 한문을 비롯하여 영어와 일본어 등이 모두 외국어인데, 그것을 읽어 다시 독일어로 쓴다는 것은 몇 사람의 작업 분량이니까요."

내가 학위논문을 마쳤을 때 지도교수로서 내게 한 말씀이다. 아직도 그 어려웠던 학위논문 과정을 생각하면서 동시에 선생님의 인자함과 치밀함을 회고한다.

이탁오의 〈독서락〉

역사가 계속되는 동안 다수의 사람들에게 정신적인 지주가 되었던 윤리와 학문에 반기를 들었다면, 사회는 그를 용기 있다고 할까요? 아니면 무모한 반항으로 정죄할까요? 이 반항아 이탁오가 온 정열을 쏟던 독서의 즐거움을 살펴본다.

"독서의 즐거움이야말로 '내 마음을 만나는 기회'이다. 나는 다행히도 눈이 좋아 나이 70세가 되어도 작은 글씨를 볼 수 있으며, 손도 떨리지 않아 작은 글씨를 쓸 수 있다. 그러나 이것을 타고난 행운으로 여기기에는 아직 모자란다.

하늘은 다행히도 내게 평생토록 세속의 사람들을 만나기 좋아하지 않는 성격을 주었다. 그 때문에 젊었을 때부터 노인이 된 지금까지 친척이나 손님의 왕래로 방해받지 않고, 오직 책만 읽을 수 있었다. 천행으로 나는 평생동안 가까운 집안사람들을 지나치게 사랑하거나 가까이 하지 않는 매정한 성격으로 태어났다. 그 때문에 늙어서도 용호(호북성 마성의)에 와서 가족을 돌보거나 나를 핍박하는 고통을 면할 수 있게 되어, 역시 오직 책만을 읽을 수 있었다.

그러나 이것 역시 천행으로 여기에는 아직 부족하다. 그러나 나는 더욱 행복하게도, 사람을 보면 그 사람의 시작과 끝의 대략을 볼 수 있었다. 무릇 책을 읽고 세상을 논한 사람들이 옛날부터 많이 있었지만, 혹은 그 표면만 보거나 혹은 그 몸의 피부만 보거나, 핏줄만 보거나, 혹은 근육이나 뼈만 보았다. 그러나 지극한 경우에도 겨우 뼈를 보는 데 지나지 않았다. 비록 능히 오장을 뚫어볼 수 있다고 할지 모르나, 사실 아직 오히려 뼈를 찌르지는 못하였다. 이것은 내가 스스로 천행이라고 하는 첫 번째이다.

내가 특히 타고난 행운은 대담성이니, 옛날 사람들이 기꺼이 현명한 사람으로 떠받들었던 사람들을 나는 거짓된 인간으로 많이 대했고, 썩어빠지고 재능이 없어 실용에 적합하지 않게 여겼다.

나는 세상 사람들이 야비한 자, 버린 자라며 침 뱉고 욕한 자들을 다시 나라를 맡길 만한 사람, 집안을 맡길 만한 사람, 몸을 맡길 만한 위대한 사람으로 여겼다. 나의 시비는 옛사람들과 많이 어긋났으니, 대담하지 않으면 이를 어찌 했겠는가? 이는 또 나 스스로 이르는 타고난 행복의 두 번째이다.

위와 같은 이 두 가지 타고난 행운이 있어, 나는 늙도록 학문을 즐기고 있다. 그러므로 〈독서락〉을 지어 스스로의 즐거움으로 삼는 것이다."

-《분서》〈독서락(讀書樂)〉 서문

책 읽는 즐거움(독서락)

하늘이 사찰 지불원의 호수, 용호(龍湖)를 만들어 탁오를 기다렸고,
하늘이 탁오를 낳아 호수 용호에 머물게 했으니

용호에 있는 탁오의 즐거움이 어떠할까?
사시사철 책만 읽어 그 밖의 일은 알지 못하네.
독서란 무엇인가? 나를 많이 만나는 기회,
오로지 마음과 만나 스스로 웃고 노래하니,
노래와 시 읊는 소리 계속되어 그침이 없네.
통곡하여 울부짖어 눈물로 뒤범벅이 되기도 한다.

노래함도 까닭이 있으니, 책 속에 사람이 있어서이다.
나는 책 속의 그 사람을 보지만, 사실은 나의 마음을 얻네.
우는 데도 까닭이 있으니, 텅 빈 연못에 사람이 없어서이다.
그 사람을 보지도 못하고, 그저 내 마음만 고달프구나.

그러면 책을 읽지 말고 높은 책장 속에 얹어 놓은 채,
내 성격을 즐기고 정신을 가다듬어 노래를 쉬며 울음을 그치네.
왜 반드시 책을 읽은 뒤에야 즐긴단 말인가?
이 말은 얼핏 나를 염려해 주는 좋은 뜻으로 들리기도 한다.

그러나 책을 묶어 놓고 읽지 않으면, 내 무엇으로 즐길 것인가?
성격을 즐기며 정신을 바로잡음이 바로 이 속에 있네.
세상은 얼마나 좁고, 책 속의 세상은 얼마나 넓은가?
그 속에 있는 천만의 성현들이 우리와 무슨 원한이 있겠는가?

죽은 것은 몸이요, 썩는 것은 뼛골이다.
책 읽는 즐거움은 영원하니, 죽을 때까지 읽고 싶다.
책 더미 속에서 부는 휘파람 소리에 숲 속의 송골매가 놀란다.

노래와 통곡이 이어져 그 즐거움이 무궁하니,
잠시도 아까운데 어찌 감히 멋대로 시간을 허비할 것인가!

-《분서》〈독서락〉

춘원의 충무공 선양

한국 근대 문학의 선구자인 춘원 이광수(1892-1950)는, 조선 사람 중 두 사람을 숭배하는데, 한 분은 옛 사람으로 이순신(1545-1598)이고, 다른 한 분은 당대의 안 도산(안창호)이라고 했다. 그래서 이 인물에 대해서 1932년 《이순신》을 소설로서 《동아일보》에 연재했고, 1947년 남양주 사릉에서 《도산 안창호》를 썼다.

그리고 이들 인물은 모두 일본이 매우 싫어하는 인물이란 공통점이 있는데, 그의 집필 시기 또한 일제강점기와 해방정국에서 춘원에 대한 핍박과 비판에 직면했던 시기이기도 하다.

우선 1930년-32년은 일제강점기로서 그때까지 우리의 각급 학교에서 우리 말과 글이 금지되어 우리의 역사를 배울 수 없던 시기이었다. 그러므로 이순신은 오늘날처럼 전 국민이 알고 숭배하는 이가 아니었고, 특히 일제가 가장 알리기를 금지하는 인물이었다.

이러한 점에서 이순신에 대한 홍보나 선양은 그 자체가 일제의 핍박 대상이었음은 말할 필요도 없다. 그럼에도 불구하고 충무공의 전적지 답사나 온양 현충사 재건 및 《동아일보》에 178회 연재소설로 〈이순신〉을 쓴 용기는 놀라운 것이었다.

첫째로 이광수는 《소년》(제3년 3권)에 〈우리 영웅 충무공 이순신〉이라는 64수의 긴 신체시를 지었다.

둘째로 춘원은 특히 《동아일보》 편집국장으로서 1930년 5월 19일부터 6월 1일까지 온양에서 출발하여 이순신의 전쟁 유적지인 목포와 여수, 벽파진 통영, 한산도와 고금도 등을 답사하여 5월 21일부터 6월 8일까지 《동아일보》에 연재하였다.

이 답사에서 춘원은 고금도에서 민족의 영웅이며 민족혼의 상징인 충무공을 사당의 서무(西廡)에 모신 것에 비분하여 통탄한다. 중국 《삼국지》 영웅, 관우 사당 〈관악묘〉의 귀퉁이에는 명의 수군 제독 진린(陳麟)과 명의 부 제독 등자룡이 있다.

셋째로 춘원은 《동아일보》 편집국장으로서 유적보존사업과 현충원 재건에 기여했다. 원래 숙종 32년(1706)에 설립된 현충원은 1863년 흥선 대원군의 서원철폐령으로 철폐되었다. 그런데 후손들이 위토 관리 부실로 1930년 2,100원 부채 때문에 경매처분 위기에 직면했다.

1931년 5월 13일 이 보도에 26일, 송진우, 정인보, 최남선 등 충무공 유적보존회가 결성되어 모금운동을 주도했고 무려 2만여 명이 참여하여 1만 6,021원을 모금했다.

유적보존위원회는 1931년 6월 11일, 2,272원 22전을 내어 은행으로부터 충무공 위토와 묘소를 되찾고 남은 돈으로는 1932년 충남 아산군 백암리 충무공 고택 옆에 현충사를 다시 지었다. 이를 주도한 주요 인사들은 일제 당국의 압박과 내사를 받았으며, 최근 국가보훈처는 당시 성금을 낸 후손을 찾아 표창했다.

넷째로 춘원은 장편 소설, 《이순신》을 178회나 《동아일보》에 연재했다. 춘원은 예고에서, "눈물겨운 이 기회에 거룩한 감격으로 우리의 충무공을 주인공으로 한 소설을 세상에 내보냅니다. 그 강산 그 인물과 그 기록 그 모양을 이 강산에 그대로 재현시키려 합니다. 내가 진실로 이순신을 숭배하는 것은 그의 자기 희생적이며 타인의 칭찬이나 비판을 초월한 끝없는 충의입니다. 군소배들이 자기를 모함하거나 말거나, 군주가 자기를 총애하거나 말거나, 일에 승산이 있거나 말거나, 자기의 의무라고 믿는 바를 위해 죽는 날까지 변치않는 충의와 인격을 숭앙합니다.

선무 일등 공신, 그까짓 것이 무엇 중요하겠습니까? 사랑하는 동포들이 제향하는 것이 중요하지요. 그가 돌아간 지 334년 4월 2일에 조선 5백 년에 처음이요 나중인 큰 사람, 이순신의 슬픈 인생을 기리는 붓을 놓습니다!"라고 했다.

훗날 춘원의 친일 협력 문제로 아직도 뜨거운 감자이지만, 이 충무공 선양에 대해서는 누구도 친일을 말할 수 없을 것이다. 전기《도산 안창호》에 대해서도.

대동강은 흐른다

우리 일행 297명은 월드컵 축구경기 열기가 고조되던 2002년 6월 14일, 대한항공 815편으로 인천공항을 출발하여 서해안 북방 한계선(NLL)을 넘어 북한 순안공항으로 향했다. 북한 어린이를 돕고 있는 한민족복지재단의 개신교 신자들과 중앙일보 통일문화연구소가 경제, 역사, 컴퓨터 분야의 전문가로 방문단이 구성되었다. 다른 나라를 자주 여행했던 경험과는 달리 여권과 비자 등에 있어서 외국도 아니고 그렇다고 국내 여행도 아닌 어정쩡한 느낌이었다.

비행기가 옹진반도 부근에 이르렀을 때 지금 우리가 남북 간의 경계를 넘고 있다는 기내 방송이 들린다. 대부분이 목사, 전도사 등 개신교 신자였던 우리 일행은 순간 긴장 속에서 목사님의 인도로 모두 감사기도를 드렸다.

드디어 순안공항에 도착했다는 기내 방송이 들린다. 나는 창밖으로 펼쳐지는 산천을 내려다보느라 정신이 없었다. 우리와 다를 것은 아무것도 없었다. 높지 않은 언덕에는 별로 나무가 보이지 않았고 들판은 곡식들로 푸르렀다. 공항에 도착하자 어떤 할머니가 흐느끼듯이 소리쳤다.

"바로 여기 내 고향이야! 그런데 우리가 살던 흔적은 아무것도 없네!"

그분의 고향이 바로 이 공항 자리였으니, 물론 지금은 아무것도 남아 있는 것이 없었다. 그래도 그분은 그저 기뻤고 또 감격했다. 고향 땅을 밟았고 그 주변을 둘러 볼 수 있었으며 오래간만에 변한 모습을 느낄 수 있었기 때문이다.

인천공항에서 이곳까지 오는데 38분이 걸렸다. 짧은 시간이었다. 그러나 1945년 분단 이후 이 짧은 시간을 위하여 반세기가 넘도록 우리는 그저 애타게 기다려야 했었다. 'Follow me'라고 크게 써서 단 짚차가 공항에 착륙한 우리 비행기를 안내하고 있다. 아래의 글은 그때 여행 중 6월 16일 일요일 평양에서 있었던 하루의 일기이다.

아침 식사도 거부한 채, 호텔 식당에서 무려 6시간 가까이 벌이던 금식 기도가 끝났다. 북한 신자와 합동예배는 불가능하여 우리 방문자들만 봉수교회에서 예배하기로 했다. 1988년에 지어진 봉수교회는 교인이 300명이라고 한다. 북한 장승복(張勝福) 목사는, "오늘 여러분을 뵙고 보니, 통일이 빨리 올 것 같습니다"라며 신앙 보다는 통일에 관한 강조로 정치색을 드러냈다. 우리가 드리는 예배 중 설교는 물론 찬송들이 모두 비장하고 감격적이었다. 북한 교회에서 예배를 드린다는 것과 오전 내내 예배를 둘러싸고 남북 갈등에서 오는 울분이 함께했기 때문이었다.

예배가 끝난 후, 우리는 봉수교회를 떠나 밭 가운데 칠골교회로 갔다. 칠골교회는 김일성 주석 어머니 강반석 여사가 출석하던 교회로 1992년 완공했다고 한다. 박화춘(朴化春) 담임목사는, "반갑습네다. 주 안에서 우리는 모두 한 형제입네다. 뜻을 모아 6·15선언으로 하나를 이룹시다"라며 역시 통일을 강조하는 정치적 발언을 서슴지 않았다. 1899년 하리교회로 설립되었었고, 그 옆에는 1990년 '강반석 기념공원'을 만들었다고 한다. 교회 내부만 둘러보고, 주변의 인민들과 대담도 몇 마디 했다.

칠골교회를 떠나 저녁 식사를 위해 오후 7시경 옥류관으로 갔다. 아침부터 굶어서 우리는 모두 몹시 배가 고픈 상태이었다. 떠나는데 주민들이 열심히 손을 흔들어 준다. 정치나 이념과는 상관없는 순수한 마음 같아서 친절함이 아름다웠다.

대동강 가의 옥류관은 규모가 대단히 크다. 안내자 말에 따르면 1만 명이 동시에 식사를 할 수 있다고 한다. 음식점 앞뒤 벽에는 금강산, 백두산 등 시원한 그림이 걸려 있다. 유네스코 문화유산이기도 한 평양냉면이 오늘 메뉴였다. 면발도 부드럽고 맛이 있고 조미료나 서비스 등 모두가 훌륭했다. 나중에 들은 이야기지만 297명이 400그릇의 냉면을 먹었다고 한다. 실처럼 잘게 썰어 위에 덮은 계란, 고기, 겨자, 옥수수 양념 등이 우리 맛과는 달라도 좋았다. 출출한 시간이기도 했지만 역시 맛이 우리를 유혹하기에 충분했다.

여행을 마친 후, 〈조국방문기념〉이란 봉투에 넣어 준 기념 비디오를 보니 30분 중 우리가 냉면 먹는 시간이 7, 8분은 되는 것 같아서 웃었다. 남조선에서 온 동포들이 배가 고파서 냉면을 열심히 먹는 모습으로 찍었는지도 모른다. 서비스하는 의례원을 사진 찍으려 하니 한사코 피한다.

옆으로 난 문으로 사람들이 우르르 나가기에 나도 따라가 보니 시원하게 앞이 확 트인다. 시원한 대동강이 흐르고 있지 않은가! 평양의 상징이며 이산가족들이 노래로 애타게 불러왔던 대동강이다. 우리가 식사한 옥류관을 따라 만들어진 테라스 위에서 우리는 난간에 기대어 흘러오는 대동강물을 바라보고 서 있었다. 막 석양으로 지는 해가 이 아름다운 대동강과 주변의 푸른 언덕을 더욱 아름답게 비추고 있었다.

저 상류 쪽으로 마치 큰 낙엽이 떠 있는 듯한 섬이 바로 많이 듣던 능라도(綾羅島)라고 한다. 이 능라도 끝 쪽에는 지금 '아리랑 축전'이 상연되는 5·1체육관이 보인다. 모란봉과 대동강, 능라도와 부벽루 그곳을 와 보지 않은 나도 자주 들어 익숙해진 명승들이다. 강에는 옥류교와 능라교 등 몇 개의 다리가 걸쳐 있고, 강 건너는 우리의 강남처럼 신개발지역으로 보인다. 멋진 대동강 절경을 보면서 어렸을 때 자주 들어온 "대동강변 부벽루에 산보하는 이수일과 심순애"의 이야기를 상상해 보았다.

"야! 여기 대동강이다. 반갑구나! 어릴 때 놀며 배도 탔는데, 여전하고나."

평양이 고향이라는 일행 중 한 할머니가 외친다. 그러나 서글픈 노래의 가요처럼, 지금은 배를 탈 수 없는 '한 많은 대동강'이었다. 그 할머니의 주름진 눈가에는 눈물이 고이고 있었다. 그리고 그분은 조용히 눈을 감고 기도하고 있었다.

나도 옛 시인처럼, 여기서 평양 시(성)를 굽이쳐 흐르는 대동강이나 넓은 들판 동쪽의 절경들을 볼 수 없어 한없이 아쉽다. 하물며 대동문 옆 연광정에서 취한 술 기분으로 배를 타고 부벽루로 가면서 강물에 빠진 달빛을 즐기던 옛 시인들의 낭만이야 꿈이나 꿀 수 있겠는가?

하지만 맑은 바람이 시원하게 옷깃을 스치며 강물은 가볍게 물결치는데, 멀리 보이는 모란봉과 능라도의 그 아름다운 풍경을 내 마음 한구석에 한 폭의 아름다운 그림 같은 추억으로 아주 오래도록 간직하고 싶었다.

노신(魯迅)과 공을기(孔乙己)

노신의 고향인 소흥(紹興)에서 그의 기념관을 찾았다. 기념관 광장에 들어서며 노신기념관이란 붓글씨 간판 앞에서 일행들과 함께 사진을 찍었다. 현관으로 들어서니 그 앞에 노신의 평생을 잘 표현한 신념을 쓴 유명한 시 귀가 우리를 맞는다.

> 많은 사대부를 나는 눈쌀 찌푸려 냉대하지만
> (橫眉冷待千夫指),
> 머리 숙여 기꺼이 천진한 어린 송아지처럼 되련다.
> (俯首敢爲孺子牛)

그는 일본에 유학하며, "나의 피로서 중화의 긴 역사 (軒轅)를 이어 나가기를 맹세했다"고 하면서, 5·4운동 시기 신사상, 신문화와 신도덕을 주창하여 중국현대문학사상 최초로 백화소설인, 《광인일기(狂人日記)》를 발표하였다. 그는 이 시기 "몇 사람의 환자보다, 많은 사람을 구해야한다"며 전공인 의학을 바꿔 중국 정신적 문화적 침체와 나태를 혹독하게 비판하며 개혁하는데 일생을 바쳤다.

몽유병 환자처럼 침체된 중국인을 《아Q 정전》의 주인공 '아Q' 나 〈공을기 (孔乙己)〉의 '공을기'로 비유하고, 《광인일기》에서 특히 인의와 도덕이 수천 년간 "사람 먹은 놈(吃人)"이라고 통렬하게 자기 비판을 가하였다.

노신과 함께 5·4운동 시기 중국 신문화운동을 주도한 공산당 초대 서기장 진독수(陳獨秀), 마르크스주의 연구회를 주관하여 공산당 창당을 함께한 이대쇠(李大釗), 문학혁명 기수 호적(胡適)의 사진이 나란하고, 혁명적 계몽잡지 《신청년》과 《매주평론》이 함께 놓인 것은 참으로 인상적이었다. 한쪽 벽면에, "노신은 중국 문화혁명의 주장이었을 뿐 아니라, 문학가이며 사상가이고 혁명가이었다. 충실하고 강건한 민족의 영웅으로서 민족문화의 방향을 제시해 주었다"는 모택동의 〈신민주주의론〉 글은 노신에 대한 최고의 평가이다.

노신의 옛집 앞 거리는 그의 작품의 흥취로 가득하다. '아Q' 의 상가가 있는가 하면, 특히 노신이 자주 들렀다는 함형주점(咸亨酒店) 주변에는 노신의 단편소설 주인공 공을기의 조상(彫像)이 여러 곳에 보인다. 한편 상가에도 '공을기 특산물'이란 간판이 밤에도 휘황하다. 우리 서울 강남구 신사동에서도 '공을기'란 중국음식점을 보았다.

우리에게는 낯선 이 '공을기(孔乙己)'란 무슨 뜻인가? 우선 공(孔)은 공 씨이다. 즉 공 씨의 성을 가진 사람이다. 을(乙)은 발음으로 보나 일(一)과 통한다. 마지막 기(己)는 몸이니 몸 즉 사람 한 개체로서 공 개인이 된다.

그러면 '공 아무개', '공 서방', '공가 녀석' 정도로 생각할 수 있다. 그런데 여기서 중국 최고 대성인, '지성선사(至聖先師)' 공자를 생각하면 공자의 존엄이나 존칭을 함부로 내리 깎아 '공 서방' 정도로 부르는 신랄한 유교 비판, 또는 사대부 경멸의 의미도 된다.

노신이 이 작품을 쓰던 1910년대 후반 중국은 5·4신문화운동의 절정기로서 특히 중국문화와 사상의 근간인 유교에 대해 신랄하게 비판하던 시기이었다.

"하늘이 그분을 내지 않았다면 천하가 온통 기나긴 어두운 밤의 연속이었을 것"라고 할 정도로 사대부가 추앙한 대성인 공자를 감히 높은 데서 끌어내려 일반화시킨 노신의 대담한 시도이었다.

특히 그는 중국 책을 읽으면서 줄과 줄 사이에 가득한 "인의와 도덕"이란 두 단어는 수천 년 중국 역사에서 "사람 잡아먹은 것(吃人)"이라고 극언하지 않았던가?

노신이 공부하면서 자주 들렸다는 함형주점은 그러한 노신의 관계 특히 작품 속 '공을기'와 관련되어 오늘날 더욱 유명해져서 많은 사람들이 찾고 있으니 흥미롭다. 그 주점 앞에는 지식인을 자처하면도 직업도 없이 아무런 의식과 목표 없이 그저 "되는 대로(差不多)" 살아가는 당시 중국인 모습을 상징한 '공을기'의 조상이 몇 곳에 서 있다.

그 주변은 가히 공을기 분위기로 찬 마을이다. 그래서 함형주점도 유명해지고 그 안에서 공을기가 먹던 음식이나 소흥의 특별한 술인 소흥주(紹興酒)도 반드시 곁들여진다. 대 문인의 작품과 그의 주인공이 함께 얽힌 소흥은 참으로 흥미로운 노신의 고향 거리이다.

그가 시대를 통렬히 비판하던 100년으로부터 중국은 이제 대굴기의 시대로 접어들었다. 고대 역사로부터 어느 정도 풍족한 '소강(小康)의 사회'를 거쳐 만족할 만큼 풍족한 '대동(大同)'의 사회 2049년을 목표로 향하고 있다.

금년(2023년) 대졸 청년들의 실업률이 너무 높은데 놀란 중국 정부당국이 "공을기의 두루마기에 갇히지 말라"고 권유한다고 한다. 이는 대학 졸업이란 간판을 너무 내세우지 말고 취업의 눈높이를 낮추라는 뜻이다. 이에 불만을 갖는 청년들은 안데르센의 동화를 인용하여, “공을기 즉 청년 대졸자들에게 두루마기를 벗으라고 하기 전에, 임금님부터 새 옷을 벗어야 한다”고 당국을 비판한다고 한다. 즉 청년들에게 요구하기 전에 정부 당국부터 개혁해야 한다는 의미이다. 끊임없이 뒤바뀌는 역사의 시대적 상황에 따라 처방과 비판도 끊임없이 바뀌는 모습을 우리는 여기에서도 흥미롭게 보고 있다.

옛 집터에서 생각하는 효자 정문

내가 태어나던 1937년에 지었고, 자라고 살면서 정든 고향의 옛 집터가 86년만인 2022년에 헐렸다. 큰길에서 멀어 깊숙해 보이지도 않고 아늑해서 조용하던 집터였다 고속도로가 나게 되어 유행가 가사처럼 '고향무정'을 실감하게 되어 참으로 서운하다.

약 300평이나 되는 집터와 뒤의 뽕나무 밭 200여 평 및 앞의 채소밭 180여 평을 합쳐 근 700여 평에 이르는 정원이 있다. ㄱ자 모양으로 안채와 사랑채 가옥과 안마당과 바깥마당은 물론 정원 너머의 다양한 나무들이나 채소밭, 그 앞을 흐르는 작은 시냇물 등을 잊을 수 없다.

집의 후원에는 오래된 아름드리 대추나무와 호두나무, 높게 자란 옻나무, 모낼 무렵이면 희게 피는 탐스러운 불두화, 노란색 황매화가 온통 가득하다. 앵도와 작은 대나무, 몇 그루의 대초나무로 가득했다. 바로 그 아래에는 마을에서 유일한 감나무가 귀하게 자랐다. 기후가 북방 한계이던 고향에서 북쪽이 막힌 우리 집에는 겨울에 짚으로 싸주면서 감나무를 길러 해마다 탐스러운 감을 따던 아름다운 추억을 상상한다.

특히 집안에 마을의 유일한 조그만 배나무가 있었는데 해마다 곧잘 열려 특별한 재미를 보았다. 바깥 마당가의 대추나무는 마을에서 가장 잘 열려 가을이면 새빨갛게 익어가는 대추나무 밑을 지나는 사람들마다 부러워했다. 개천가에는 뽕나무가 커서 봄의 누에치기의 중요한 식량 공급처이었고 향나무와 자두나무가 있고 특히 요즈음 건강식품이라고 권장되는 왜감자(돼지감자)를 봄에 캐서 먹었다.

내가 태어나던 해 증조부는 75세이셨고, 할머니와 할아버지, 어머니와 아버지 및 삼촌 등 4대가 사는 단란한 우리 가족이었다. 집은 정동향이어서 멀리 해발 800여m가 넘는 독바위(주금산) 위에서 아침 해가 떴고, 집앞에는 마르지 않는 작은 시냇물이 흘러 마을의 식수원과 세탁 등 공동의 하천이 되었다.

이 집과 집터가 사라지는 것은 단순한 외형적 주택의 모습이 아니라 나의 성장한 역사가 사라지는 듯해서 너무 슬프다. 무더운 여름, 시원한 대청마루에 누워 상량보에 쓰인 한자를 보던 그날이 그립다. 상량한 보에 쓰인 처음의 용룡의 '龍' 자와 끝의 거북 구인 '龜' 자 사이에 있는 하늘의 삼관에 응하고 인간의 오복을 갖춘다(應天上之三光, 備人間之五福)는 축원의 글을 읽곤 했다. 용과 거북이처럼 장수하고 하늘의 뜻을 받고 인간의 오복을 갖춰 살라는 축원의 글이다.

며칠 전, 당시 어려서 우리 집에 와 보았던 홍성원 시장이 "형님댁 대청 위 상량보에서 '용' 자를 보았고, 이름자도 '용'이며 중학교도 '용산'을 갔으니 참으로 개천에서 용 나신 분입니다"라는 칭송의 말을 하였다. 나는 "우리 집 앞에 작은 개천이 있고 내 이름자가 용이니 그렇게 생각하면 맞겠다"고 해서 함께 웃었다.

초등학교 졸업 후 서울 용산중학교에 입학하기까지 우리 집은 행복했다. 그러나 입학 3주일 후 일어난 민족의 대수난인 6·25전쟁 중 아버님을 사별하면서 우리 집은 수난으로 나의 진로는 뒤죽박죽 엉망으로 꼬이기 시작했다.

이처럼 정들었던 고향의 옛집이 없어져 너무 서글프지만, 고향이 유정한 것은 아직 친족 몇 댁이 그대로 마을에 머물고 있기 때문이다. 멀리 북향하여 수원산에 9대 이하 선조의 선영이 있으니 여전히 고향임을 실감한다.

어렸을 때 매일 통행하던 마을에서 좀 떨어진 산기슭에 있던 선대의 효자 정문이 전란으로 훼손되었다. 그런데 마을의 중앙 통로인 '솟대마을' 사거리 옆으로 2008년 옮겨지어졌다. 집터가 헐려서 허전하고 아쉬웠는데 다소나마 달래주고 있다.

포천시 향토유적 제9호인 〈신급·신윤하의 효자정문〉이 마을의 중앙이며 태고적 솟대가 세워졌던 신성한 언덕에 정문이 옮겨진 것은 매우 다행한 일이라고 생각한다.

신급(申礏, 1543-1592)은 평산 신 씨의 시조로 고려 개국의 으뜸 공신 장절공 신숭겸(申崇謙) 장군의 19대손이다. 또한 조선 세종 때 명재상 문희공 신개(槪)의 5대손이며 학문과 문장의 대가이다. 그리고 사임당 신 씨(仁宣)의 8촌으로 영의정에 추존된 평주부원군 신화국(華國)의 4형제 중 둘째 아들이다.

큰 형은 임진왜란 때 국왕 선조를 의주로 호종하고 형조와 병조판서를 역임하여 영의정에 추증된 충헌공 신잡(申磼)이며, 바로 밑의 동생은 임진왜란 때 충주에서 도순변사로 왜군과 싸우다 탄금대에서 순절한 신립(申砬) 장군이고, 막내동생 역시 임진왜란 중 경기도 수어사로서 임진강에서 왜군과 싸우다 순절한 수어사공 신할(申硈) 장군이다.

공은 1543년(중중 38) 서울에서 출생했고, 율곡 이이에게 배웠으며 성격이 곧고 이해관계를 초월하여 정의감이 투철하나 벼슬길에 나아가지 않고 학문하며 가사에 충실했다. 기개 있는 학자로서 그는 1583년 병조판서 율곡과 성훈을 탄핵하는 박근원 등의 상소에 죽음으로 변호하여 뜻을 관철하여 선조로부터, "너의 동생 립은 진심으로 보국하여 변선을 지키는 양장이고 너 또한 일신의 위험을 무릅쓰고 척사 상소하니 일가의 나라 위한 충의가 이처럼 아름답다"고 칭찬하는 비답을 받았다. 공은 선공 감역의 벼슬을 받았으나 사양하고 학문에만 힘쓰며 4형제 중 세 명이 관직에 봉사하니, 부모를 모시고 가사를 돌보았다.

그런데 임진왜란의 국난을 당하여 큰 형은 피난하는 국왕을 의주로 모시고, 두 아우와 큰 조카가 모두 왜적과 싸우다 전사하니, 공은 홀어머님과 가솔을 모시고 강원도 이천으로 피난하였다.

이때 어머님이 왜적에 쫓기는 위급한 형세에 당할 수모를 면하고 가족의 안녕을 위해 벼랑에 투신하니, 공 또한 노모와 가솔을 받드는 책임의 소홀함을 통감 비관하여 벼랑에서 굴렀다. 다행히 어머님은 구제되었으나 공은 1592년 6월 19일 50세로 세상을 떠났다.

조정은 전란이 끝나고 국가 질서가 잡히던 숙종 29년(1703년 계미)에 그의 효행을 기리는 정려(旌閭)를 내리고, 1713년(숙종 39년 계사) 사헌부 장령을 추증하였다.

신급의 현손 신윤하(申胤夏, 1684-1761)도 효행이 지극하여 아버님을 정성으로 모셔 그의 효덕이 유림과 관계에 널리 알려 동몽교관(童蒙教官)으로 추서되었다. 그리하여 1865년(고종 2년) 5대조인 신급의 정려와 함께 내려졌다.

조선 왕조가 유사 이래 가장 혹독한 국난을 당하여 큰 형은 국왕을 호종하고 두 아우와 큰 형의 조카 경지는 왜군과 싸우다 전사하는 충성으로, 공은 선비 백행의 으뜸인 효로서 삶을 버렸으니 이 한 가문 4형제의 삶과 죽음은 국가와 자손만대에 길이 표창해야 할 장렬한 일이 아닌가? 국왕이 말하기를, "곧도다. 아우들은 충성으로 죽었고, 형은 효로서 삶을 마감했으니 일문의 빛나는 충효를 무릇 누가 더불어 비교하겠는가?"라고 하였다.

이에 두 분 선조가 아늑하고 평화로운 내촌의 평원을 남면하는 수원산과 북향하는 무동산 아래 계시니, 그의 후손이 살아온 둔터 마을의 중앙 정려는 내 마음의 고향이다. 내가 나기 전부터 이 정문은 후손과 마을을 지켰으니, 지금이나 앞으로도 나에게는 영원한 고향 유정이 아닐 수 없다.

부록

신용철 교수 출판기념회 성황리에 거행

김 주 안 (문예비전 편집국장)

지난(2006년) 2월 16일 오후 6시 세종문화회관 세종홀에서 《문예비전》 기획위원장인 신용철 교수의 저서 《공자의 천하, 중국을 뒤흔든 자유인 이탁오(李卓吾)》 출판기념회가 있었다.

기념식 사회는 1960년대 말 저자의 덕성여고 교사 때 학생이던 현 교통방송 보도부장 이선희 아나운서가 맡아 시종 매끄럽고 재치있게 진행하였고 출판기념회 준비위원장인 이환호 교수가 저자에 대한 약력 보고를 하였다.

첫 번째 축사는 저자와 함께 사학과 교수로 재직했던 경희대 이석우 박물관장이었다. 그는 저자 신 교수를 '항상 공부하는 학자, 행동하는 사람, 또 부지런히 현장에 있는 사람' 등으로 표현하였다. 특히 저서 속에 있는 많은 사진들은 그가 발로 뛰면서 현장에서 찍은 것들이라고 소개했다.

서울대학교 동양사학과 명대사 연구자인 오금성 교수는 "우리가 오늘날 인기 있는 영화 '왕의 남자'에서 보듯 암울하고 비참한 당시 사회처럼 16세기 중국의 어려운 환경에 대해 항상 문제를 제기하며 싸웠던 이탁오라는 사상가를 저자는 21세기를 사는 우리 곁에서 대화하게 해

주었다"고 그 의미를 부여했다.

이어서 서정범 교수는 비록 역사가는 아니지만 글을 쓰는 사람으로서 문학에 관계해서 말한다고 전제하면서, 저자인 신 교수에 대해 "역사가로서 수필을 쓰면서 문학을 시작했는데 그의 특성은 역사를 수필처럼 짧고 쉽게 쓰는 것으로 아마도 우리나라 역사가들 중 그러한 시도를 하는 사람은 아직 알지 못한다"고 평가했다.

즉 16세기 이탁오는 낭만주의 자유문학 선구였으며, 순수한 인간의 마음에 바탕을 두어 출발하는 자세가 바로 우리 수필 문학의 모범이 될 수 있다고 했다. 즉 그가 "나는 50세 이전 한 마리의 개였다"라고 한 기발한 명제는 수필을 쓰는 우리들에게 실로 대단한 가치를 느끼게 하는 주제라고 분석했다. 그러면서 '나처럼 무당이나 연구하는 것과는 비교가 되지 않는다'고 해서 듣는 모든 참석자의 박수를 받았다.

특히 저자는 이탁오를 임진왜란 영웅 이순신(李舜臣)과도 비교하며, 한글 소설인 〈홍길동전〉을 써서 유명한 조선 중기의 허균(許筠)에게 사

저자 신용철 교수

축하 케익 커팅을 하는 저자와 내빈들

상적으로 영향을 주었음을 상기하면서 특히 그의 수필세계를 높이 평가했다. 특히 그의 명문장은 20세기 초, 중국 혁명 당시 대문호였던 노신(魯迅)의 선구자로서 동양적인 수필에 있어서 불후의 업적을 남겼다고 칭찬하였다. 서 교수는 병술년 개의 해에 아주 좋은 "나는 한 마리의 개"라는 주제를 거듭 칭찬하면서 끝으로 개의 오륜(五倫)을 들어 참석자들을 즐겁게 하면서 명 서평과 축사를 마무리하였다.

저자인 신 교수는 30여 년간 이탁오라는 인물에 매달려 이룩한 연구성과에 대해 감격한 듯했고, 인사말에서 지금까지 살아오며 학문과 인생을 함께 한 모든 귀한 분들을 모시고 이러한 자리를 갖게 되서 매우 감사하다고 했다. 저자는 "이 책에 대해서도 부끄러운 마음 금할 수 없으나, 그에 대한 평가는 읽는 분들에게 맡깁니다"라고 겸손하게 말문을 열었다.

"무슨 대단한 작업을 한다고 정년 후에도 3년간이나 아침서부터 저녁까지 연구실에 처박혀 작업하던 날들이 지금 이 순간에도 스크린처럼 떠오른다"고 회고했다. 그 지루하고 답답한 시간 그를 지켜보면서 격려해 주고 특히 훌륭한 연구실을 만들어 준 부인 이광숙(서울대 독어교육과) 교수를 소개하면서 목이 메어 말을 잇지 못하였다. 그러자 사회자인 이선희 아나운서는 "다 같이 박수를 보내주십시오"라고 재치 있는 진행으로 분위기는 더욱 흐뭇해졌다.

저자 신 교수는 4개의 장에 수록된 제목을 중심으로 핵심적 내용을 열정적으로 요약하여 설명했다. 밤새도록 계속해도 끝이 없을 저자인 신 교수의 저서에 대한 열정적이고 명쾌한 설명이었다. 참석자들은 다시 숙연해지면서 열렬한 박수를 보냈다.

이 날 기념회장에는 경희대학교 김병묵 총장 및 이광재 부총장, 유승희 체육과학대학원장을 비롯한 현임 교수들과 사계의 김삼웅 독립기념관 관장, 임연철 동아일보 사업국장, 김경희 지식산업사 사장, 이선희 교통방송 보도부장, 정완호 한국교원대 총장, 서상완 국제교육 진흥

경희대 명예교수인 서정범 교수의 축사

원장 과장, 이상근 전 국사편찬위원회 현대사 실장, 방상현 전 국사편찬위원회 연구관 등 학교 내외의 많은 귀빈이 참석했다.

한편 저자가 학문을 함께 한 동양사와 사학 및 여러 분야에서 서울대 동양사학과 오금성, 인류학과 김광억, 관동대 유춘근 박물관장, 중앙대 권중달, 강남대 김종순, 서울 교대 이연복 등이 참여했다.

저자의 학문 외적 삶에서 항상 깊은 관계를 갖는 모교 광동학원 이사장 겸 한국 군종교구장 황일면 스님과 동국대 동국역경원 최철환 편집국장, 전·현직 광동학원 교장과 고향인 포천 문화원 최종규 전임 문화원장, 이만구 문화원장, 이효종 향토사료 연구원장과 이상연 건축회사 사장, 김경수 출판 및 인쇄사장, 최원호 사장, 백성길 병원 이사장 등 많은 분도 참여했다. 집안에서는 가족과 박윤근 사촌 매제를 비롯하여 홍성원 전임 경기도 북부출장소장(부지사), 박영철 사장, 이기태 통역 번역원 대표 등이 자리를 빛냈다.

특히 우리 《문예비전》의 명예발행인 서정범 교수님을 비롯하여 신광

저자 신용철 교수와 가족, 내빈들

출판을 축하하기 위해 모인 문인들

호 편집주간 및 김주안 편집국장, 심영옥 기획위원, 이하림 기자 등 문비문학회 회원 및 한국수필 작가회의 많은 회원들이 참여하였다.

참으로 훌륭한 출판기념회였다. 그것은 세미나와 같은 학술적이면서도 이탁오란 인물의 사상과 저자의 열정적 연구가 함께 얽힌 감동의 시간이었다. 참석자 한 분은 참으로 오랜만에 "의미와 내용 있는 출판기념회에 참석해서 기쁘다. 출판기념회의 참 모습을 보았다"고 흐뭇해하는 모습이었다. 이날 참석한 중견 여류작가인 이정원 전 미리내문학 회장은, "나이 들면서 자꾸 주저앉는 듯한 내 삶에, 아직도 늦지 않았다는 희망과 용기를 이탁오로부터 발견하여 더 없이 기쁘다"고 감격했다.

이날의 출판기념회는 확실히 우리 《문예비전》을 위해서 아주 흐뭇하고 보람 있는 행사였다. 우선 명예발행인 서정범 교수님을 비롯하여 신광호 주간, 김주안 편집국장은 물론 편집위원인 정완호 총장, 심영옥 교수, 이하림 기자와 우리 문예비전 가족들이 많이 참석한 점에서도 그

랬다. 서정범 교수님의 재치 있고 예리한 서평도 이 출판기념회를 더욱 빛냈다. 이날의 주인공인 저자 신 교수님이 바로 기획위원장이란 우리의 가족이어서 이 행사는 명실 공히 '문예비전의 축제'라고 할 만하다.

한국의 수도 한복판인 광화문 세종로에서 있었던 우리의 이번 문화행사를 계기로 우리의 《문예비전》이 새로운 활력으로 더욱 발전하는 계기가 될 수 있으리라 굳게 믿으면서 거듭 진심으로 축하하는 바이다.

춘원의 따님 이정화 박사와 춘원연구학회

춘원연구학회는 가정의 달 오월이 꼬리를 감추는 30일, 인사동 전통 한국 음식점인 선천에서 뜻깊은 모임을 가졌다. 미국에서 오신 춘원 막내딸 이정화(李廷華, 88세) 박사를 환영하며 학회의 연구와 발전을 토론하는 자리이었다.

이 모임에는 제2대 회장 윤홍로 교수, 제3대 송현호 교수, 현 회장 방민호 교수를 비롯하여 학회 고문 신용철 교수, 법조계 원로 윤덕순 고문, 작가 김광휘 선생, KBS 이자성 감독 등과 특히 한국에서 학회의 모든 일을 맡아서 공헌하는 배화승, 신문순 부부님가 참여했다.

이정화 선생은 춘원과 허영숙 소생의 3남매 중 막내 따님으로 현재 유일한 생존자이기도 하다. 이정화 선생은 우리가 잘 아는 대로 1955년 《그리운 아버지 춘원》을 저술하여 문학의 재능을 보여 준 화학 전공 교수이다. 특히, 이 책에서 이정화는 9살이던 1943년부터 13살인 1948년까지 춘원의 사릉 생활을 〈사릉의 추억〉으로 아주 소박하면서도 그림처럼 흥미롭게 기술했다.

1950년 7월 춘원이 북한으로 납치된 후에도 이정화는 항상 아버지를 그리며 80여 년을 살고 있는데 2000년대에 들어 서울대학교 국문학과

이정화 박사와 저자 신용철 박사

를 중심으로 춘원연구학회가 설립될 때부터 현재 이르기까지 많은 관심을 갖고 또 학회 발전과 아버지 춘원에 대한 추모 사업을 지원하고 있다.

그동안 춘원연구학회는 2000년대 초기에 설립 이래 매년 두 차례씩 학회를 개최하고 또 학회 논문집인 《춘원연구학보》를 현재 26호까지 발간되고 있으며 학술진흥재단이 인정한 우수 학회로 춘원 연구가 착실하게 뿌리를 내리고 있다.

춘원 이광수(李光洙, 1892-1950)는 우리 근대 문학사에 있어서 매우 크게 기여한 선구자임은 새삼 이야기할 필요가 없다. 조선 왕조 말기와 일제강점기, 그리고 해방 공간과 대한민국 초기 및 6·25전쟁까지 곤란하고 복잡한 시대를 살면서 온갖 고난을 겪었던 시대의 위인이었다.

특히, 그는 소설 〈무정〉으로 시작하여 수많은 작품을 썼고 1919년 일본 토교에서 2·8독립선언서를 기초하여 고국의 3·1운동의 길을 닦았다. 그 후 상해로 피신하여 대한민국 임시정부를 조직하는데 참여해 도산 안창호와 《독립신문》을 창간하여 사장으로서 사료편찬위원회 주임을 역임하기도 했다.

그는 여러 비난 속에도 민족 계몽과 문화수준 향상을 위해 고국에 돌아와 소설가로서 언론인으로서 활약하며 우리말의 보급과 우리 역사의 대중화를 위해 크게 공헌하였다. 하지만, 일제강점기 말년 일본의 심한 압박 아래 협력으로 친일이라는 굴레를 벗어날 수 없었다.

해방 바로 한 해 전, 1944년 그는 현 경기도 남양주시 진건읍 사릉리에 조그만 농가를 짓고 소를 사 농사하며 1948년 8월까지 4년 반 동안 무념무상으로 참회의 돌베개를 베고 '자빠뿔 소'의 한숨 소리를 들었다. 잠시 광릉 봉선사 운허 스님이 설립한 광동중학교에서 교사로서, 그리고 불제자로서 차 마시고 염불 송경하며 울창한 숲속을 거닐어 자연과 벗하며 지나온 인생을 아프게 반추하였다.

이 시기에 나온 수필집 《돌베개》는 그 시기의 생활 모습이며 1947년

춘원연구학회 모임을 마치고(인사동 선천)

《도산 안창호》는 지난 그의 상해 시절 임시정부와 한일 투쟁의 회고이며, 소설 《꿈》은 참으로 꿈 같은 그의 일생을 쓴 자전적 저술일 것이다. 이에 춘원의 자취였던 효자동 자택마저 사라져버리고, 이제 사릉리 고가 터, 봉선사 입구 이광수 기념비, 광동학원의 교가기념비, 광동중학교의 명예 교장뿐이다. 그의 생애 말년에 가장 적게 활동하고 기여한 이 지역에 고향 집안의 삼종제 봉선사 운허 스님 덕택에 여기가 사후에도 고향처럼 되었다.

송현호 전 회장의 매끄러운 진행으로 시작된 오찬 집담회는 김광휘 작가가 이정화 박사에게 의미 있는 선물을 드리면서 시종일관 매우 진지하고 정겨운 분위기이었다. 춘원학회와 본인의 관계를 이야기하는 자리에서 김광휘 작가는 춘원을 항상 존경했다면서 소설가로서 춘원의 허영숙 여사에 대해 소설을 집필했는데, 앞으로는 이정화 박사에 대해서도 쓰고 싶다고 했다. 윤덕순 고문은 법률가로서 어려서부터 춘원을 좋아했고, 법조인이

이정화 박사 저서 《그리운 아버님 춘원》

된 후에도 항상 존경하고 있으며 특히 매우 강한 어조로서 춘원의 '위장친일'을 강조했다.

나는 광릉 근처에 태어나서 봉선사 운허 스님을 연구하면서 더욱 춘원 선생에 관심을 갖게 되었고, 특히 초등학교 3학년 때부터 읽어 나를 역사로 이끈 《조선사화집》의 1931년 춘원의 서평을 회상하였다. 즉 춘원은 문학의 작가로서만이 아니라 일제강점기 우리의 언어를 보급하려던 국어보급의 선구자, 충무공 이순신을 선양하고, 우리 역사를 대중화시키려던 역사사가로서의 춘원도 평가받아야 한다고 강조했다.

방민호 현 회장은 노년과 유년 서로 다른 전공자들의 여러 입장을 어울려서 보다 폭넓은 춘원연구의 방법을 모색하자고 말했다. 춘원으로 학위 논문을 쓴 제2대 회장 윤홍로 원로 교수는 춘원 연구의 포괄적인 흐름에 대해 매우 심도 있게 설명했다. 특히, 전공이 다른 연구자들이여도 하나의 주제로 다양한 의견을 제출하는 춘원 연구의 길을 모색하자고 강조했다.

끝으로, 춘원의 가정과 특별한 관계를 갖는 배화성 선생은 사릉의 춘원 고가 터와 농지 문제에 대해 설명하고, 특히 현재 진행되고 있는 태학사의 춘원 전집에 관해 진전된 내용을 상세하게 보고하였다.

이 회의와 오찬을 하는 동안 모든 진행과 발언 등은 KBS 이자성 감독이 촬영하고 또 녹음하여 후일의 자료로 남기기로 했다. 회의가 끝난 후, 식당 선천 밖에서 함께 사진을 찍고 근처에 있는 찻집 '귀천'에서 정담을 나눈 후 오후 3시경 아쉽게 작별하였다.

이러한 비공식적인 춘원학회 이정화 박사와 함께하는 오찬 및 집담회를 가졌던 것은 또 새로운 의미를 갖는다고 하겠다. 88세 노후에도 불구하고 멀리 미국에서 한국을 방문한 이정화 박사에게 경의를 표하며, 그로인해서 연구자들이 함께 학문적 친목을 도모하고 새로운 연구회의 방향을 자유롭게 이야기할 수 있었던 것은 매우 큰 성과로 생각된다.

춘원 선생은 전 생애에서 항상 신체적 병마에 시달렸고, 활동과 압박이 쌓일수록 비판을 달고 살았다. 북한을 거부하며 북한에 끌려갔어도 일제와 해방 후 지금까지 그는 비판에서 자유롭지 않았다.

이정화 박사와 헤어지면서 우리는 모두 춘원 연구학회의 착실한 성장에 보람을 느끼면서도 어딘가 쓸쓸한 석별의 정을 아니 느낄 수가 없었다. 건강하게 귀국하고 다음 날 다시 만나기를 기약하지만 서글픈 심정이기도 했다. 9살부터 사릉에 머물던 아버지와 육이오에 잡혀간 아버지를 생각하면서 살아온 딸의 지극한 그리움을 생각해 본다. 더구나 북한에 잡혀가 이미 만날 수 없이 헤어짐은 물론 우리나라에서조차도 아직 버젓하게 평가가 엇갈리는 그의 아버지 춘원에 대한 일그러진 모습은 바로 분단시대와 우리 대한민국의 이념적 혼란의 한 모습이기도 하기 때문이다. 떠나시는 이정화 교수를 보면서 혹시 그러한 시대가 언제 끝날 것인가를 가슴 아프게 생각해 본다.

신용철 에세이

피어나는 상사화 앞에서

1쇄 인쇄 / 2023년 7월 5일
1쇄 발행 / 2023년 7월 15일

지은이 / 신용철
펴낸이 / 김주안
펴낸곳 / 도서출판 진실한사람들
주소 / 경기도 하남시 미사강변서로 25, 926호(미사테스타타워)
Tel / 031-5175-6210
Fax / 031-5175-6211
E-mail / munvi22@hanmail.net
등록번호 / 제300-2003-210호
ISBN: 978-89-91905-81-8

값 15,000원